Gaudeamus!

Victor von Scheffel

Impressum

Autor: Victor von Scheffel
Umschlagkonzept: toepferschumann, Berlin

Verlag: tredition GmbH, Hamburg
ISBN: 978-3-8495-3193-5
Printed in Germany

Tucholsky Wagner Zola Scott Sydow Schlegel
Turgenev Fonatne Freud
Wallace Fouqué Friedrich II. von Preußen
Twain Walther von der Vogelweide
Weber Freiligrath Frey
Fechner Fichte Weiße Rose von Fallersleben Kant Ernst Frommel
Richthofen
Hölderlin
Engels Fielding Eichendorff Tacitus Dumas
Fehrs Faber Flaubert Eliasberg Ebner Eschenbach
Feuerbach Maximilian I. von Habsburg Fock Eliot Zweig
Ewald Vergil
Goethe London
Elisabeth von Österreich
Mendelssohn Balzac Shakespeare Dostojewski Ganghofer
Lichtenberg Rathenau Doyle Gjellerup
Trackl Stevenson Hambruch
Mommsen Thoma Tolstoi Lenz Hanrieder Droste-Hülshoff
Dach Verne von Arnim Hägele Hauff Humboldt
Reuter Rousseau Hagen Hauptmann Gautier
Karrillon Garschin Defoe Baudelaire
Damaschke Hebbel Descartes
Hegel Kussmaul Herder
Wolfram von Eschenbach Dickens Schopenhauer Rilke George
Bronner Darwin Melville Grimm Jerome
Campe Horváth Aristoteles Bebel Proust
Bismarck Vigny Barlach Voltaire Federer Herodot
Gengenbach Heine
Storm Casanova Tersteegen Grillparzer Georgy
Lessing Gilm
Chamberlain Langbein
Brentano Lafontaine Gryphius
Strachwitz Claudius Schiller Schilling Kralik Iffland Sokrates
Katharina II. von Rußland Bellamy
Gerstäcker Raabe Gibbon Tschechow
Löns Hesse Hoffmann Gogol Wilde Gleim Vulpius
Luther Heym Hofmannsthal Klee Hölty Morgenstern Goedicke
Roth Heyse Klopstock Kleist
Luxemburg Puschkin Homer Mörike
La Roche Horaz Musil
Machiavelli Kierkegaard Kraft Kraus
Navarra Aurel Musset Moltke
Lamprecht Kind Hugo
Nestroy Marie de France Kirchhoff
Laotse Ipsen Liebknecht
Nietzsche Nansen Ringelnatz
Marx Lassalle Gorki Klett Leibniz
von Ossietzky May vom Stein Lawrence
Irving
Petalozzi Knigge
Platon Pückler Michelangelo Kafka
Sachs Poe Kock
Liebermann Korolenko
de Sade Praetorius Mistral Zetkin

Widmung

Vergnüglich flüsternd ziehn des Neckars Wogen
Vorbei dem Ursitz deutscher Wissenschaft,
Hoch ob der Brücke schlanken Pfeilerbogen
hebt sich des Schlosses giebelstolze Kraft.
Ein Blütenschnee von Kirschen, Pfirsich, Flieder
Flockt duftverhauchend um das junge Grün,
Und prangt Altheidelberg im Lenzschmuck wieder,
Sorgt niemand viel sich um des Lebens Mühn.

In diesem Tal der weißen Blütenbäume
Kam mir des Ortes Genius oft genaht
Und fügte Scherz, Humor und heitre Träume
Zum Wissensernst der alten Musenstadt.
Er ging nicht steif in klassischen Gewanden,
Ging keck und flott und trank wie ein Student
Und glich nicht viel den neun antiken Tanten,
Die man im Mythus mit Apollo nennt.

Was Er mich lehrte, bracht' ich in den E n g e r n ,
Wo eine treubewährte Freundesschar
Neu Mittwoch in den Donnerstag zu längern
Bei goldnem Rheinwein oft beflissen war.
Da fiels nicht schwer, die Saiten hell zu schlagen,
Selbst würdige Pfarrherrn wurden singend laut,

Wenn uns ein Meister, dessen Tod wir klagen,
Mit kundiger Hand den Maientrank gebraut.

Zwei Kesselpauken dienten als Orchester
Und eines Ofenschirms gewalztes Blech,
Das dröhnte oft zum Rundgesange fester
Denn Meeressturm und wilden Heers Gezech.
Zum lustigen Wort fand sich die lustige Weise
Und oft scholl Beifall unsrer schlichten Art,
Als läg' in diesem Maiweinnippekreise
Waldmeisters Wunderhorn als Schatz verwahrt.

Als von der Neckarstadt, der ewig heitern,
Zur Ferne sich mein Lebenspfad gewandt,
Ward manch ein S c h r e i b e b r i e f noch aus dem
W e i t e r n
Mit Freundesgruß dem Engern zugesandt.
Von welschen wie von deutschen Landschaftbildern
hielt dies und das Erinnerung zurück
Gleich Blättern eines Skizzenbuchs: sie schildern
Harmloser Wanderlust verflüchtigt Glück.

Nun schau ich aus solidem Schwabenalter
Auf dieser Lyrik jugendtollen Schwung
Und reiche lächelnd meinen Liederpsalter
Den Zechern allen, die im Herzen jung.
Wer Spaß versteht, wird manchmal kräftigst lachen,
Und wen manch Lied schier allzudurstig däucht,
Der tröste sich: 's war anders nicht zu machen,
Der Genius Loci Heidelbergs ist feucht!

I m   M a i 1867.

6

Naturwissenschaftlich.

Der Granit.

In unterirdischer Kammer
Sprach grollend der alte Granit:
»Da droben den wäss'rigen Jammer
Den mach' ich jetzt länger nicht mit.
Langweilig wälzt das Gewässer
Seine salzige Flut übers Land,
Statt stolzer und schöner und besser
Wird alles voll Schlamm und voll Sand.

»Das gäb' eine mitleidwerte
Geologische Leimsiederei,
Wenn die ganze Kruste der Erde
Nur ein sedimentäres Gebräu,
Am End würd' noch Fabel und Dichtung,
Was ein Berg – was hoch und was tief;
Zum Teufel die Flötzung und Schichtung,
Hurra! ich werd' eruptiv!

Er sprachs und zum Beistand berief er
Die tapfern Porphyre herbei,
Die kristallinischen Schiefer
Riß höhnisch er mitten entzwei.
Das zischte und lohte und wallte,
Als nahte das Ende der Welt;
Selbst Grauwack, die züchtige Alte,
Hat vor Schreck auf den Kopf sich gestellt.

Auch Steinkuhl' und Zechstein und Trias
Entwichen, im Innern gesprengt,
Laut jammert im Jura der Lias,
Daß die Glut ihn von hinten versengt.
Auch die Kalke, die Mergel der Kreiden
Sprachen später mit wichtigem Ton:

»Was erstickte man nicht schon bei Zeiten
Den Keim dieser Revolution?«

Doch vorwärts, trotz Schichten und Seen,
Drang siegreich der feurige Held,
Bis daß er von sonnigen Höhen
Zu Füßen sich schaute die Welt.
Da sprach er mit Jodeln und Singen:
»Hurra! das wäre geglückt!
Auch unsereins kann's zu 'was bringen,
Wenn er nur herzhaftiglich drückt!«

Der Ichthyosaurus.

Es rauscht in den Schachtelhalmen,
Verdächtig leuchtet das Meer,
Da schwimmt mit Tränen im Auge
Ein Ichthyosaurus daher.

Ihn jammert der Zeiten Verderbnis,
Denn ein sehr bedenklicher Ton
War neuerlich eingerissen
In der Liasformation.

»Der Plesiosaurus, der Alte,
Er jubelt in Saus und Braus,
Der Pterodactylus selber
Flog neulich betrunken nach Haus.

»Der Iguanodon, der Lümmel,
Wird frecher zu jeglicher Frist,
Schon hat er am hellen Tage
Die Ichthyosaura geküßt.

»Mir ahnt eine Weltkatastrophe,
So kann es ja länger nicht gehn;
Was soll aus dem Lias noch werden,
Wenn solche Dinge geschehn?«

So klagte der Ichthyosaurus,
Da ward es ihm kreidig zumut;
Sein letzter Seufzer verhallte
Im Qualmen und Zischen der Flut.

Es starb zu derselbigen Stunde
Die ganze Saurierei,
Sie kamen zu tief in die Kreide,
Da war es natürlich vorbei.

Und der uns hat gesungen
Dies petrefaktische Lied,
Der fands als fossiles Albumblatt
Auf einem Kropolith.

Der Tazzelwurm.

Festlied bei Aufstellung des Herbergschildes »Zum feurigen »Tazzelwurm« am Bergwirtshäuslein zur Rehau, beim Uebergang über die Audorfer Almen.

Als noch ein Bergsee klar und groß
In dieser Täler Tiefen floß,
Hab' ich allhier in grober Pracht
Gelebt, geliebt und auch gebracht
     Als Tazzelwurm.

Vom Pentling bis zum Wendelstein
War Fels und Luft und Wasser mein,
Ich flog und ging und lag gerollt.
Und statt auf Heu schlief ich auf Gold
     Als Tazzelwurm.

Hornhautig war mein Schuppenleib
Und Feuerspei'n mein Zeitvertreib,
Und was da kroch den Berg herauf,
Das blies ich um und fraß es auf
     Als Tazzelwurm.

Doch als ich mich so weit vergaß
Und Sennerinnen roh auffraß,
Da kam die Sündflut grausenhaft
Und tilgte meine Bergwirtschaft
     Zum Tazzelwurm.

Jetzt zier' ich nur gemalt im Bild
Des Schweinesteigers neuen Schild,
Die Sennrin hört man jauchzend schrei'n,
Und keine fürcht't das Feuerspei'n
     Des Tazzelwurms.

Und kommt so ein gelahrtes Haus,
So höhnts und spricht: »Mit d e m ists aus,
Der war ein vorsündflutlich Vieh,
Doch weise Männer sah'n noch nie
    Den Tazzelwurm.«

Kleingläub'ge Zweifler! kehrt nur ein
Und setzt auf Bier Tiroler Wein ...
Ob Ihr dann bis nach Kuffstein fleucht,
Ihr spürt, daß ich Euch angekeucht
    Als Tazzelwurm.

Und ernsthaft spricht der Klausenwirt:
»Schwernot! woher sind d i e verirrt?
Das Fußwerk schwankt ... im Kopf ist Sturm ...
Die sahen all' den Tazzelwurm!
    Den Tazzelwurm!«

Das Megatherium.[1]

Was hangt denn dort bewegungslos
Zum Knaul zusammgeballt
So riesenfaul und riesengroß
Im Ururururwald?
Dreifach so wuchtig als ein Stier,
Dreifach so schwer und dumm –
Ein Klettertier, ein Krallentier:
Das Megatherium!

Trüg glotzt es in die Welt hinein
Und gähnt, als wie im Traum,
Und krallt die scharfen Krallen ein
Am Embahubabaum,
Die Früchte und das saftige Blatt
Verzehrt es und sagt: » A i ! «
Und Wenns ihn leergefressen hat,
Sagts auch zuweilen: » W a i ! «

Dann aber steigt es nicht herab,
Es kennt den kürzern Weg:
Gleich einem Kürbis fällt es ab
Und rührt sich nicht vom Fleck,
Mit rundem Eulenangesicht
Nickts sanft und lächelt brav:
Denn nach gelungener Fütterung kommt
Als Hauptarbeit der Schlaf.

... O Mensch, dem solch ein Riesentier
Nicht glaublich scheinen will,
Geh nach Madrid! dort zeigt man dir
Sein ganz Skelett fossil.
Doch bist du staunend ihm genaht,
Verliere nicht den Mut:

---

[1] Cuvier, Ossements fossiles V, 1.p. 174. tab. 61.

So ungeheure Faulheit tat
Nur v o r der Sündflut gut.

Du bist kein Megatherium,
Dein Geist kennt höhere Pflicht,
Drum schwänze kein Kollegium
Und überfriß dich nicht.
Nütz' deine Zeit, sie gilt statt Gelds,
Sei fleißig bis zum Grab,
Und steckst du doch im faulen Pelz,
So fall' mit Vorsicht ab!

Der Basalt.

»Mag der basaltene Mohrenstein
Zum Schreck es erzählen im Lande,
Wie er gebrodelt in Flammenschein
Und geschwärzt entstiegen dem Brande:
Brenns drunten noch Jahr aus Jahr ein.
Beim Wein soll uns nicht bange sein,
Nein, Nein!
Soll uns nicht bange sein!«

F. v. K o b e l l , Urzeit der Erde, p. 33

Es war der Basalt ein jüngerer Sohn
Aus altvulkanischem Hause,
Er lebte lange verkannt und gedrückt
In erdtief verborgener Klause.

Vulkanische Kraft war damals gehaßt
Ob ihrer zerstörenden Schläge,
Dem Ruhebedürfnis der Erde entsprach
Entwicklung auf feuchtem Wege.

Eintönig wogte die Flut und litt
Nichts hartes mit scharfer Kante,
Die Felsen zerstieb sie zu Kieselstein,
Die Kiesel zerrieb sie zu Sande.

Erdmännlein, die klugen, erkannten betrübt
Die Gefahr allmähl'cher Versumpfung,
Da schürten sie unten leis am Basalt:
»Erwach' aus deiner Verdumpfung!

»Erwach', sei ein Mann und erhebe dein Haupt,
Zerspreng' die beengenden Bande,
Aus himmelansteigender Felsenburg
Beherrsch' die geschichteten Lande!

»Erwach und ruf: perrumpendum est!
Wie drüben im Alpenbezirke
Deine tapfern Ahnen Granit und Porphyr,
Die Stammherrn der kühnsten Gebirge.«

Da hub der Basalt zu seufzen an,
Er hatte, von Langweil betrübet,
Ein geologischer Romeo,
Sich in die Molasse verliebet.

Molasse, der Erbfeinde Töchterlein,
Moderne, marinische Schichten! ...
Drum nagte der Gram wie verzehrender Rost
An seinem Trachten und Dichten.

Um der Tiefe zentrale Urfeuer lag
Er träumend und sprach wie im Fieber:
»O wär' ich ein wäss'riger Niederschlag
Und bei Ihr ... das wäre mir lieber!«

Erdmännlein, die klugen, die trugen stets
Den Fortschritt des Ganzen im Sinne;
Was kümmert solch doktináres Volk
Des Einzelnen Herzweh und Minne?

Und wieder hetzten und schürten sie scharf:
»Lass' ab von deinen Visionen,
Du erntest nur einen Korb und den Spott
Der sämtlichen Formationen.

»Schon flüstert's der Onkel Steinsalz dem Kalk,
Schon basen es höhnisch die Wellen:
»»Wie kann sich des Meeres drittältestes Kind
Dem Auswurf des Feuers gesellen?««

... Was weiter geschah, man erfuhr es nie,
Doch plötzlich faßt' ihn ein Wüten,
In feuriger Lohe schnob er heraus,
Seine Adern glühten und sprühten.

Lautrasend drang er nach oben vor
Und sprengte mit sengenden Gluten
Die Decke der Schichten, die wie ein Alp
Schwerlastend über ihm ruhten.

Auch s i e , für die er einst schwärmte, sank
Als Opfer der grimmen Verheerung.
... Auflacht' er höhnisch und hüllt' sich in Rauch
Und stürmte zu neuer Zerstörung.

Und Schlag auf Schlag – dumpfkrachend Getös
Von tausend und tausend Gewittern ...
Die Erde barst, es durchzuckte sie tief
Ein Schüttern und Zittern und Splittern.

Bis steil majestätisch der feurige Kern
Den klaffenden Spalten entsteiget,
Und trümmerbesäet sich Land und Flut
Dem Säulengewaltigen neiget.

Da stand er und schaute die blauende Luft
Und der Sonne lichtspendendes Walten,
Dann seufzte er tief ... kühl weht es vom See ...
Dann sank er in starres Erkalten.

Doch in dem Gefelse wohnt heute noch
Ein seltsam Tönen und Klingen,
Als wollt' es von seliger Jugendzeit
Ein Lied der Sehnsucht uns singen.

Und ein goldgelb Tröpflein Natrolith
Im geschwärzten Stein oft erscheinet ...
Das sind die Tränen, die der Basalt
Der gesprengten Molasse weinet.

Der erratische Block.

Einst ziert' ich, den Aether durchspähend,
Als Spitze des Urgebirgs Stock,
Ruhm, Hoheit und Stellung verschmähend,
Ward ich zum erratischen Block.

Man sagt, wenn's dem Denker zu wohl ist,
So wagt er sich kecklich aufs Eis:
Mir winkten, wo's klüftig und hohl ist,
Schneejungfrau'n, verführend und weiß.

Doch als ich mit Poltern und Lärmen
Abstürzend aufs Firnfeld mich hub,
Verbüßt' ich mein jugendlich Schwärmen
Mit tausendjährigem Schub.

Scharf wies mir der Gletscher die Zähne:
»Hier, Springinsland, wirst du poliert,
Und im Schutt meiner großen Moräne
Als Fremder talab transportiert.«

Geritzt und gekritzt und geschoben
Entrollt' ich in spaltige Schluft,
Ward stoßweis nach oben gehoben,
Gewälzt und gepufft und geknufft.

Da bleib' Einer sauber und munter
In solchem Gerutsch und Geschlamm;
... Ich kam immer tiefer herunter,
Bis der Eiswall ins Urmeer zerschwamm.

Und der spielt die traurigste Rolle,
Dem die Basis mit Grundeis ergeht ...
Ich wurde auf treibender Scholle
In des Ozeans Brandung verweht.

Plimp, plump! Da ging ich zugrunde,
Lag elend versunken und schlief,
Bis in spät erst erlösender Stunde
Sich Gletscher und Sündflut verlief.

Den entwässerten Seegrund verklärte
Die Sonne mit wärmerem Strahl,
Und mit der Rhinozerosherde
Spazierte der Mammut durchs Tal.

Nun lagern wir Eiszeitschubisten
Nutzbringend als steinerne Saat
Und dienen dem Heiden wie Christen
Als Baustoff für Kirche und Staat.

* * *

Dies Lied ist zwei Forschern gelungen
Im Gau zwischen Aare und Neuß;
Das Wirtshaus, in dem sie es sungen,
War ganz von erratischem Gneus.

Sie sungen es ernst und dramatisch
In die Findlinglandschaft hinein
Und schoben sich selbst dann erratisch
Mit Holpern und Stolpern vom Wein.

Der Komet.

Ich armer Komet in dem himmlischen Feld,
Wie ist's doch so windig mit mir bestellt!
Ich leb' in steten Sorgen,
Mein Licht selbst muß ich borgen ...
Ich erscheine nur von Zeit zu Zeit,
Dann muß ich wieder fort in die Dunkelheit.

Frau Sonne die hat mir's angetan,
Sie zieht mich magnetisch zu sich hinan,
Doch kann mir's nie gelingen,
Zu ihr mich aufzuschwingen,
Ich schmachte nach ihr nur aus luftiger Fern',
Denn leider bin ich wirklich ein exzentrischer Stern.

Die Fixstern' all' in bittrem Hohn
Betrachten mich wie einen verlorenen Sohn,
Sie sagen, ich tät' wanken
Und hin und wieder schwanken,
Und wo ich einmal des Wegs gestrichen wär',
Sei nichts als Dunst und Nebel ringsumher.

Die Planeten sehn mich verächtlich an,
Als woll' ich sie durchkreuzen auf ihrer Bahn;
Frau Venus und ihre Schwestern
Tun boshaft mich verlästern:
»Sein Schweif ist zu groß, sein Kern ist zu klein,
Ich möchte kein so mißgestalter Nachtwandler sein!«

So hat man mir einen Leumund gemacht
Als Schwärmer und als Irrgeist, den Jeder verlacht;
Und drunten auf der Erden
Verkünden die Gelehrten:

»Es ist an ihm Nichts fest, Nichts dicht,
Und kreist er bis in Ewigkeit, solid wird er nicht,«[2]

Selbst H u m b o l d t , der Greis von forschender Kraft,
Behandelt mich im Kosmos sehr wenig schmeichelhaft;
Treib' ich solch' Schwindelwesen,
Daß man von mir darf lesen:
»Es füllt der Komet, viel dünner denn Schaum,
Mit allerkleinster Masse den allergrößten Raum??«[3]

Aber warte nur, du Sternguckerneid,
Ihr kennt mich noch nicht von der innersten Seit',
Einst werd' ich Euch begegnen,
Dann sollt Ihr Euch besegnen:
Dann fahrt Ihr durch mich durch und ich schnupp'
Euch noch 'was
Und hagl' Euch Meteorstein' ins Fernrohrglas.[4]

---

[2] Burmeister, Geschichte der Schöpfung, V. Aufl. p. 139.

[3] Kosmos III. 559.

[4] Nach den Entdeckungen des Professors Schiaparelli an der Mailänder
Sternwarte dürfen wir von nun ab in Gegenden des Weltalls, durch welche die Erde
bei reichen Sternschnuppenfällen geht, Kometen vermuten, und umgekehrt an Punkten
der Erdbahn, die von Kometen gekreuzt werden, reiche Sternschnuppenfälle
erwarten. Siehe Beilage zur Allg. Zeitung von 1867, Nr. 82, p. 1343

Guano.

Ich weiß eine friedliche Stelle
Im schweigenden Ozean,
Kristallhell schäumet die Welle
Am Felsengestade hinan.
Im Hafen erblickst du kein Segel,
Keines Menschen Fußtritt am Strand;
Viel tausend reinliche Vögel
hüten das einsame Land.

Sie sitzen in frommer Beschauung,
Kein einz'ger versäumt seine Pflicht,
Gesegnet ist ihre Verdauung
Und flüssig als wie ein Gedicht.
Die Vögel sind all Philosophen,
Ihr oberster Grundsatz gebeut:
Den Leib halt' allezeit offen
Und alles andre gedeiht.

Was die Väter geräuschlos begonnen,
Die Enkel vollenden das Werk;
Geläutert von tropischen Sonnen
Schon türmt es empor sich zum Berg.
Sie sehen im rosigsten Lichte
Die Zukunft und sprechen in Ruh':
»Wir bauen im Lauf der Geschichte
Noch den ganzen Ozean zu.«

Und die Anerkennung der Besten
Fehlt ihren Bestrebungen nicht,
Denn fern im schwäbischen Westen
Der Böblinger Repsbauer spricht:
»Gott segn' euch, ihr trefflichen Vögel,
An der fernen Guanoküst', –
Trotz meinem Landsmann, dem Hegel,
Schafft ihr den gediegensten Mist!«

Asphalt.

Bestreuet die Häupter mit Asche,
Verhaltet die Nasen Euch bang,
Heut gibt's bei trübfließender Flasche
Einen bituminösen Gesang.

– Schwül strahlet die Sonne der Wüste,
Am toten Meere machts warm;
Ein Derwisch spaziert an der Küste,
Eine Maid aus Engeddi am Arm.

Nicht Luftzug noch Wellenschlag kräuselt
Den zähen, bleifarbenen See,
Nur Naphthageruch kommt gesäuselt
Und dunstig umflort sich die Höh'.

's ist eine versalzene Gegend
Und niemand ringsum ist gerecht.
Zu Loths Zeit hat's Schwefel geregnet
Und heut noch ist alles verpecht.

Keine Wäscherin naht mit dem Kübel,
Kein Durstiger naht mit dem Krug
Und dem Durstigsten selber wird übel,
Wagt er aus der Flut einen Zug.

Zwei schwarzbraune Klumpen lagen
Am Ufer faulbrenzlich und schwer;
Drauf satzte mit stillem Behagen
Das Paar sich und liebte sich sehr.

Doch wehe! sie saßen auf Naphtha,
Und das läßt keinen mehr weg,
Wer harmlos sich dreinsetzt, der haft't da
Und steckt im gediegensten Pech.

Sie konnten sich nimmer erheben,
Sie jammerten: »Allah ist groß!
Wir kleben – wir kleben – wir kleben!
Wir kleben und kommen nicht los!«

Umsonst hat ihr Klagen und Weinen
Die schweigende Wüste durchhallt,
Sie mußten zu Mumien versteinen
Und wurden, ach! selbst zu Asphalt.

Ein Vögelein wollte um Hilfe
Hinüber zum Städtlein Zoar,
Betäubt fiel's herab ins Geschilfe,
Es stank, daß zu fliegen nicht war.

Und blaß, mit erschaudernden Seelen
Sah man einen Wallfahrtzug fliehn –
Den Pilgern sowie den Kameelen
War's benzoësauer zu Sinn.

So geht's, wenn ein Derwisch will minnen
Und hat das Terrain nicht erkannt ...O Jüngling, fleuch
eiligst von hinnen,
Wo Erdpech entquillet dem Land.

Kulturgeschichtlich.

Der Pfahlmann.

Dichtqualmende Nebel umfeuchten
Ein Pfahlbaugerüstwerk im See,
Und fern ob der Waldwildnis leuchten
Die Alpen in ewigem Schnee.

Ein Mann sitzt auf hölzernem Stege
In Felle gehüllt, denn es zieht;
Er schnipft mit der Feuersteinsäge
Ein Hirschhorn und summelt sein Lied:

»Da seht mein verschwollen Gesichte
Und seht, wie bei Durchzug und Wind
Der Ureuropäer Geschichte
Mit Rheuma und Zahnweh beginnt.

»Zwar klopf' ich mit steinernen Beilen
Und Keulen mir Bahn durch die Welt,
Doch ist ein gemütlich Verweilen
Noch täglich in Frage gestellt.

»Im Wald stört das Raubtier mit Schreien
Den Schlaf im durchhöhleten Stamm,
Und bau' ich mein Hüttlein im Freien,
So stampft mir's der Urochs zusamm.

»Drum lernt' ich vom biederen Biber
Und stelle als Wohnungsbehilf,
Je weiter vom Festland je lieber,
Den Pfahldamm in Seegrund und Schilf.

»Auch hier muß ich vieles noch meiden,
Was späterer Zeit einst gefällt:
Gern trüg' ich ein Schwert an der Seiten
– Es gibt weder Eisen noch Geld.

»Gern zög' ich Gewinn vom Papiere
– Noch sind keine Börsen gebaut;
Gern ging ich des Abends zum Biere
– Es wird noch keines gebraut.

»Und denk' ich der Art, wie wir kochen,
Gesteh' ich selber, 's ist arg:
Wir spalten dem Torfschwein die Knochen
Und saugen als Kraftsaft das Mark.

»Wie kann sich der Geist da schon lenken
Auf höh'res Kulturideal?
In all unserm Fühlen und Denken
Steckt rammeltief Pfahl neben Pfahl.«

Der Mann sang's mit heiserer Kehle,
Da schwoll mit dem Rheuma sein Grimm,
Zwei Bären beschlichen die Pfähle
Und schnupperten kletternd nach ihm.

Da schmiß er zum Pfahlküchenkehricht
Beil, Hirschhorn und Trinkkrug von Ton,
Sprang husch! wie ein Frosch ins Geröhricht
Und schwamm mit Fluchen davon.

* * *

Wo einst man die Stätte errichtet
Zum keltischen Seehüttendorf,
Ruht jetzt eine Fundschicht geschichtet,
Tief unter dem Seeschlamm und Torf.

Der diesen Gesang schuf zum Singen,
Hat selber den Moder durchwühlt
Und bei den gefundenen Dingen
Einen Stolz als Kulturmensch gefühlt.

Altassyrisch.

Im schwarzen Walfisch zu Askalon
Da trank ein Mann drei Tag,
Bis daß er steif wie ein Besenstiel
Am Marmortische lag.

Im schwarzen Walfisch zu Askalon
Da sprach der Wirt: »Halt an!
Der trinkt von meinem Dattelsaft
Mehr als er zahlen kann.«

Im schwarzen Walfisch zu Askalon
Da bracht' der Kellner Schar
In Keilschrift auf sechs Ziegelstein
Dem Gast die Rechnung dar.

Im schwarzen Walfisch zu Askalon
Da sprach der Gast: »O weh!
Mein bares Geld ging alles drauf
Im Lamm zu Niniveh!«

Im schwarzen Walfisch zu Askalon
Da schlug die Uhr halb vier,
Da warf der Hausknecht aus Nubierland
Den Fremden vor die Tür.

Im schwarzen Walfisch zu Askalon
Wird kein Prophet geehrt,
Und wer vergnügt dort leben will,
Zahlt bar, was er verzehrt.

Hesiod

>»Laßt mein Lied mich beginnen von
Helikonischen Musen,«

Theogonie 1 u. ff.

Licht glühte des Helikon Klippe
In Mittagspurpur und Blau,
Da schlief bei dem Quell Aganippe
Ein Hirtenknabe im Tau.
Die Lämmer von Askra zu hüten
War er zum Gebirge entsandt,
Nun hatte den allzufrüh Müden
Des Helios Kraft übermannt.

Da stieg aus den sonnigen Klüften
Eine göttliche Neunzahl herab,
Der schwebende Anmut die Hüften
Und Goldreif die Locken umgab;
Sie schritten in rhythmischem Reigen
Zum Hain, dem die Quelle entfloß,
Und stellten in heiligem Schweigen
Dem Träumer Geschenke ins Moos.

Die Erste von Erz eine Feder,
Die Zweite für Tinte ein Faß,
Die Dritte ein Zwickbuch in Leder,
Die Viert' ein geschliffenes Glas.
Die Fünft' einen Siegellackbarren,
Die Sechst' eine goldene Brill',
Die Siebte ein Kistlein Zigarren,
Die Acht' einen Strauß Asphodill.

Die Neunte, die beugte sich nieder
Und küßte die Lippen ihm zart,
Dann schwanden in Wolken sie wieder
Als Wesen von höherer Art.

Der Schlummerer sprang von der Erde
Und sang wie von Geistern gepackt
Und schwang mit verzückter Gebärde
Einen Lorbeerbengel im Takt.

Da liefen die Mithirtenknaben
Zusammen und priesen sein Glück
Und führten ihn samt seinen Gaben
Nach Askra im Festzug zurück.
Und alle askräischen Männer
Berieten die Sache im Rat,
Bis daß der Nomarchos als Kenner
Böotiens den Urteilsspruch tat:

»Bei dem ist's mit Weidung der Herden
Und Schafzucht für immer vorbei.
Er muß ein Unsterblicher werden
Mit Dichtkunst und Schriftstellerei!«
... Sie kauften ihm lange Gewänder
Und weihten ihn ganz seinem Gott,
Da verfaßte den Bauernkalender
Und die Theogonie – H e s i o d .

Uebung im Neugriechischen.

Nach Athanasios Christopoulos.

Πλοῦτον δὲν θέλω
Δόξαν δὲν θέλω
Οὔτ' ἐξουσίαν
Ποτὲ καμμίαν.

Δὲν θέλω γνᾶσιν
Οὔτε κᾶν τόσην
'Οσ' εἶν τοῦ φύλλου
Κὶ ὅσ' εἶν τοῦ ξύλου.

Τούτες ἡ κρύες
'Η φαντασίες
"Οσῳ εὐφραίνουν
Τόσῳ πικραίνουν,

Θέλω εἰρήνην
Ψυχῆς γαλήνην
Χορούς, ἐρώτων
Τρέλαις καὶ κρότον.

Θέλω τραγούδια,
Κήπους, λουλούδια
Καὶ χωραιάδαις
'Σ ταῖς πρασινάδαις.

Τοῦτα λατρεύω
Τοῦτα ζηλεύω,
Κ' εἰς τοῦτ' ἀπάνω
Θέλ' 'νὰ ποθάνω·.

Reichtum und Ehre
Nimmer ich 'gehre,
Herrschaft und Würde
Wär' mir nur Bürde.

Bin selbst um Wissen
Mehr nicht beflissen,
Als in dem Wald draus
Käfer und Grasmaus.

All' jene kalten
Schwindelgestillten,
Statt zu erquicken,
Plagen und drücken.

Mir sei beschieden
Himmlischer Frieden,
Sturmfreies Herze,
Narrheit und Scherze.

Minnigen Singsang,
Ballspiel und Klingklang,
Flöten und Geigen,
Wirbelnde Reigen:

Solche verehr' ich.
Solche begehr' ich;
Rosen im Haare
Schreit' ich zur Bahre.

* * *

Opes non quaero
Famam non spero
Non semel honos
Attulit onus.

Non colo artem
Non tantam partem,
Quantam cicada
Volans per prata.

Frigida, lenta
Ista commenta
Quantum oblectant
Tantum divexant.

Volo quietam
Mentem et laetam,
Hilares choros
Jocos et toros.

Volo tripudia,
Plausus, colludia,
Clara in hortis
Aera cum chordis.

Haec ego sector;
Haecce amplector,
Haecce capesso
Donec facesso!

(H. Stadelmann.)

Pumpus von Perusia

Feucht hing die Sonne. Des Novembers Schauer ging
Mit leisem Frösteln durch das Land Hetruria.
Ein mildes Kopfweh, erst der jüngsten Nacht ent-
stammt,
Durchsäuselte die Luft mit mattem Flügelschlag
Und ein Gefühl von Armut lag auf Berg und Tal.
Der heilige Oelbaum, dem das letzte gelbe Blatt
Der Wind verweht, reckt' traurig seine Aeste aus,
So kahl und öd', als fehl' ihm das Notwendigste.
Verdächtig selbst das Straßenpflaster. Blödem Aug'
Schien des Basaltes urgebirgig fester Stoff
Verwandelt heut in sehr poröses Tropfgestein,
Und alles – alles – alles sah durchlöchert aus.
So war der Tag, da in der ersten Frühestund'
Ein müder Held aus Populunias Toren zog.
Vergeblich warf von dem cyklopischen Mauerwall
Der Wächter einen trinkgeldhoffnungsvollen Blick,
Er hielt ihn aus – und schaute starr – und gab ihm
nichts.

Dort, wo der Weg sich einbiegt gegen Suessulae
Und eines Priesters kegelturmgeziertes Grab
Trübtraurig seinen Schatten wirft ins Blachgefild,
Dort hielt er still – und stieß den Speer ins Riedgras ein
Und suchte lang in seiner Chlamys Faltenwurf,
Und suchte wieder – suchte auch zum drittenmal
Und fand nicht, was er suchte ...

       O wer kennt den Schmerz,
Der auf sich bäumt im biederen Etruskerherz,
Wenn alles – alles – alles auf die Neige ging
Und nur der Graus des Leeren in der Tasche wohnt,
Wo der Sesterz sonst fröhlich beim Denar erklang!...

Den Helm abnehmend von dem schwerbedrückten
Haupt,

Fuhr mit der Rechten langsam er zur Stirn empor,
Gen Populonia rückwärts flog sein feuchter Blick
Und blaue Blitze leuchteten im Heldenaug'.
»O Wirtshaus zur Chimära!« sprach er wehmutvoll,
»Ist d a s das Ende? Winkte d a s der Vögelflug,
Der vor drei Tagen krächzend mir zur Linken strich?
Sprach d a s des Stieres rätselvolles Eingeweid'?
O Wirtshaus zur Chimära! was ist lieblicher
Als einzuziehn, ein Gastfreund, in dein Gastgemach?
Verständig waltet dort ein vielgeübter Wirt,
Und edle Helden sitzen um den kühlen Trank,
Den von dem Berg herabgesendet Dimeros.

»Weisheit entströmt bedachtsam zechender Männer
Mund,
Zumal an jenem obern, linnenweißen Tisch,
Wo Tegulinums Augur, später Mitternacht
Trotz bietend, ausharrt, einer ehernen Säule gleich,
Und sternenkundig vorsingt in dem Rundgesang.
O Wirtshaus zur Chimära! doch sag' an, wohin,
Wohin verschwindet ... ha! was spricht mein Mund es
aus,
Das dreimal gottverfluchte Wort, von dem allein
Des Tuskers Schicksal abhängt, ha – das bare Geld?!
O Fufluns, Fufluns! unheilvoller Bacchus du!
's ist alles fort und hin und hin und fort .... hahumm!

».... Doch eine Tat, ich schwör's, sei itzt von mir getan.
Wie sie die blöde Welt sich nicht im Traume träumt.
Gräßlich und kalt ... mein Name soll zur Nachwelt noch
Durch diese Tat sich überpflanzen, schreckenvoll;
So wahr ich hier an diesem Priestergrabe steh',
Ich – Pumpus von Perusia, der Etruskerfürst! ...«

Er sprach's und ging. Unheimlich fiel ein Sonnenstrahl
Auf Speer und Helm, Fahl leuchtet's im Cypressen-
wald,
Dumpf braust ein Windstoß, grabtief, fernem Seufzen
gleich.

Die Welt war damals harmlos noch. Man kannte nicht
Des bürgerlichen Rechtes vielverschlungnen Pfad,
Und selbst der Greis im Silberbart, er wußte nicht
Die Antwort auf die Frage, was ein Darleh'n sei.
Doch jenen Tages ward im Wald bei Suessulae
Zum erstenmal, seit daß die Welt geschaffen stand,
Ein Held von einem andern Helden – a n g e p u m p t !
Das ist der Sang vom Pumpus von Perusia.

Die Teutoburger Schlacht.

Als die Römer frech geworden,
Zogen sie nach Deutschlands Norden,
Vorne beim Trompetenschall
Ritt der Generalfeldmarschall,
Herr Quinctilius Varus.

Doch im Teutoburger Walde
hu, wie pfiff der Wind so kalte;
Raben flogen durch die Luft
Und es war ein Moderduft
Wie von Blut und Leichen.

Plötzlich aus des Waldes Duster
Brachen krampfhaft die Cherusker;
Mit Gott für Fürst und Vaterland
Stürmten sie von Wut entbrannt
Gegen die Legionen.

Weh! das war ein großes Morden.
Sie erschlugen die Kohorten;
Nur die römische Reiterei
Rettete sich noch ins Frei',
Denn sie war zu Pferde.

O Quinctili, armer Feldherr!
Dachtest du, daß so die Welt wär?
Er geriet in einen Sumpf,
Verlor zwei Stiefel und einen Strumpf
Und blieb elend stecken.

Da sprach er voll Aergernussen
Zum Centurio Titiussen:
»Kamerade, zeuch dein Schwert hervor
Und von hinten mich durchbohr,
Da doch alles futsch ist.«

In dem armen römischen Heere
Diente auch als Volontäre
Scävola, ein Rechtskandidat,
Den man schnöd gefangen hat,
Wie die andern alle.

Diesem ist es schlimm ergangen;
Eh' daß man ihn aufgehangen
Stach man ihn durch Zung' und Herz,
Nagelte ihn hinterwärts
Auf sein Corpus Juris.

Als die Waldschlacht war zu Ende,
Rieb Fürst Hermann sich die Hände,
Und um seinen Sieg zu weih'n,
Lud er die Cherusker ein
Zu 'nem großen Frühstück.

Nur in Rom war man nicht heiter,
Sondern kaufte Trauerkleider.
Grade als beim Mittagmahl
Augustus saß im Kaisersaal,
Kam die Trauerbotschaft.

Erst blieb ihm vor jähem Schrecken
Ein Stück Pfau im Halse stecken,
Dann geriet er außer sich
Und schrie: »Varus, Fluch auf dich!
Redde Legiones!«

Sein deutscher Sklave, Schmidt geheißen,
Dacht': »Ihn soll das Mäusle beißen,
Wenn er sie je wieder kriegt,
Denn wer einmal tot da liegt,
Wird nicht mehr lebendig.«

Und zu Ehren der Geschichten
Tat ein Denkmal man errichten,
Deutschlands Kraft und Einigkeit

Verkündet es jetzt weit und breit:
»Mögen sie nur kommen!«

Am Grenzwall.

... barritum civere vel maximum, Qui
clamor ipso fervore certaminum a tenui
susurro exoriens paullatimque adulescens
ritu extollitur fluctuum cautibus illisorum...

A m m i a n . Marcellin. XVI. 12.

Ein Römer stand in finstrer Nacht
Am deutschen Grenzwall Posten,
Fern vom Kastell war seine Wacht,
Das Antlitz gegen Osten...
Da regt sich feindlich 'was am Fluß,
Da schleicht und hallt 'was leise...
Kein Paean von Horazius,
Ganz wildfremd war die Weise:
»Ha'... hamm'... hammer dich emol, emol, emol
An dei'm verrissene' Kamisol,
Du schlechter Kerl!«

An eine Jungfrau Chattenstamms
Hatt' er sein Herz vertandelt
Und war ihr oft im Lederwams
Als Kaufmann zugewandelt.
Jetzt kam die Rache... eins, zwei, drei!
Jetzt war der Damm erklettert...
Jetzt kam's wie wilder Katzen Schrei
Und Keulenschlag geschmettert:
»Ha'... hamm'... hammer dich emol, emol, emol
An dei'm verrissene' Kamisol,
Du schlechter Kerl!«

Er zog sein Schwert, er blies sein Horn,
Focht als geschulter Krieger,
Fruchtlos war Mut und Römerzorn,
Die Wilden blieben Sieger.
Sie banden ihn und trugen ihn

Wie einen Sack von dannen;
Als die Kohort' am Platz erschien,
Scholls fern schon durch die Tannen:
»Ha'... hamm'... hammer dich emol, emol, emol
An dei'm verrissene' Kamisol,
Du schlechter Kerl!«

Versammelt war im heiligen Hain
Der Chatten Landsgemeinde,
Ihr Odinsjulfest einzuweih'n
Mit Opferblut vom Feinde.
Der fühlt sich schon als Bratenschmor
In der Barbaren Zähnen,
Da sprang sein blonder Schatz hervor
Und rief mit heißen Tränen:
»Ha'... hamm'... hammer dich emol, emol, emol
An dei'm verrissene' Kamisol,
Du schlechter Kerl!«

Und alles Volk sprach tiefgerührt
Ob solcher Wiederfindung:
»Man geb' ihn frei und losgeschnürt
Der Freundin zur Verbindung!
Nimmt sie ihn hier vom Fleck als Frau,
Sei alle Schuld verziehen.
Und heut noch wird im ganzen Gau
Als Festbardit geschrien:
»Ha... hamm'... hammer dich emol, emol, emol
An dei'm verrissene' Kamisol,
Du schlechter Kerl!«

Das Hildebrandlied.

Hiltibraht enti Hadhubrant.

Hildebrand und sein Sohn Hadubrand,
Hadubrand,
Ritten selbander in Wut entbrannt,
Wut entbrannt
Gegen die Seestadt Venedig.

Hildebrand und sein Sohn Hadubrand,
Hadubrand,
Keiner die Seestadt Venedig fand,
Venedig fand,
Da schimpften die beiden unflätig.

Hildebrand und sein Sohn Hadubrand,
Hadubrand,
Ritten bis da, wo ein Wirtshaus stand,
Wirtshaus stand,
Wirtshaus mit kühlen Bieren.

Hildebrand und sein Sohn Hadubrand,
Hadubrand,
Trunken sich beid' einen Riesenbrand,
Riesenbrand,
Krochen heim auf allen Vieren.

Lied fahrender Schüler.

O liberales clerici
nû merchet rehte wie dem sî.
Date: vobis dabitur
ir sült lân offen iwer tür
Vagis et egentibus
so gewinnet ihr dat himelhûs,
et in perenni gaudio
alsus alsô, alsus alsô!

Pfarrherr, du kühler, öffne dein Tor,
Fahrende Schüler stehen davor.
Fahrende Schüler, unstete Kind,
Singer und Spieler, wirbliger Wind.
Eisern die Kehlen, Mägen von Erz,
Goldklare Seelen... doch keiner begehrt's.
Kleidung ist dünne, Spreitung ist roh,
Ach und die Minne?... im Heu und auf Stroh.

Pfarrrherrr, du kühler, öffne dein Tor,
Fahrende Schüler stehen davor.
Franken und Schwaben kennen uns gut,
Lüftige Knaben, fräßige Brut.
Müssen uns nähren, Gotteserbarm,
Gleich dem verheerenden Heuschreckenschwarm.
Was wir durchstrichen, Bergflur und Tal,
Alles verblichen, abgegrast, kahl.

Pfarrrrherrrr, du kühler, öffne dein Tor,
Fahrende Schüler stehen davor!
Sparst du den Habersack, knaus'riger Kropf,
Packen zum Schabernack wir dich am Kopf,
Ziehen die Hosen, den Kuttrock dir aus,
Hängen die losen vor's Fenster als Strauß.
Wer um den süßen Labtrunk uns klemmt,
Der muß uns büßen in Strümpfen und Hemd.

Pfarrherr, du kühler, öffne den Turm,
Fahrende Schüler rüsten zum Sturm!
  Ho, ho, heiadihoh!
  Avoy, avoy, alez avanz!
  Alsûs alsô, alsûs alsô!
  Ho, ho, heiadihoh, ho, ho, ho!

Wanderlied.

Wohlauf, die Luft geht frisch und rein,
Wer lange sitzt, muß rosten;
Den allersonnigsten Sonnenschein
Läßt uns der Himmel kosten.
Jetzt reicht mir Stab und Ordenskleid
Der fahrenden Scholaren,
Ich will zu guter Sommerzeit
In's Land der Franken fahren!

Der Wald steht grün, die Jagd geht gut,
Schwer ist das Korn geraten!
Sie können auf des Maines Flut
Die Schiffe kaum verladen.
Bald hebt sich auch das Herbsten an,
Die Kelter harrt des Weines;
Der Winzer Schutzherr Kilian
Beschert uns etwas Feines.

Wallfahrer ziehen durch das Tal
Mit fliegenden Standarten,
Hell grüßt ihr doppelter Choral
Den weiten Gottesgarten.
Wie gerne wär' ich mitgewallt,
Ihr Pfarr' wollt mich nicht haben!
So muß ich seitwärts durch den Wald
Als räudig Schäflein traben.

Zum heiligen Veit von Staffelstein
Komm ich emporgestiegen
Und seh' die Lande um den Main
Zu meinen Füßen liegen:
Von Bamberg bis zum Grabfeldgau
Umrahmen Berg und Hügel
Die breite, stromdurchglänzte Au –
Ich wollt', mir wüchsen Flügel.

Einsiedelmann ist nicht zu Haus,
Dieweil es Zeit zu mähen;
Ich seh' ihn an der Halde draus
Bei einer Schnittrin stehen.
Verfahrner Schüler Stoßgebet
Heißt: Herr, gib uns zu trinken!
Doch wer bei schöner Schnittrin steht,
Dem mag man lange winken.

Einsiedel, das war mißgetan,
Daß du dich hubst von hinnen!
Es liegt, ich seh's dem Keller an,
Ein guter Jahrgang drinnen.
Hoiho! die Pforten brech' ich ein
Und trinke, was ich finde ...
Du heiliger Veit von Staffelstein,
Verzeih' mir Durst und Sünde!

Des Klosterkellermeisters Sommermorgenklaggesang

Huh weh! mir ist des Tages bang!
Tret' ich hinaus in den schweigenden Bergwald,
Den kaum das erste Frühlicht erhellet,
Wehe! noch lagert die Hitze von gestern
Ueber versengtem Moos und Gesträuch,
Und schon umschwirrt mich ein Bremsengesumm,
Stechend und frech,
Als ob die Sonne im Mittag ersprühte!
Klaffende Sprünge spalten das Erdreich,
Gras dürrt zu Heu, bevor es gemäht ist,
Und in der Luft schwebt
S t a u b ...

Huh weh! mir ist des Tages bang!
Such' ich beim Stamme der riesigen Buche
Kühlung auf gröblich behauenem Steinsitz,
Wo um achteckige Platte des Tisches
Frühlicher Waldrast die Brüder oft pflegen:
Weh! auch der Stein speit glühende Hitze,
Duldet mich nicht,
Häher und Spechte und Drosseln, sie lachen,
Daß ich, kaum niedergelassen, so jählings
Auf und davon sprang.
Verschlafene Heuschrecken sitzen im Wege,
Rühren sich nicht,
F a u l ...

Huh weh! mir ist des Tages bang!
Das sind die Zeiten, wo Tier und Menschheit
Glühheiß schmachten, gleich Eisen im Schmiedherd;
Träufst du auch Tropfen und Fluten drauf nieder,
Saugt es sie gierig, doch löscht es nicht.
Weh! kaum läutet das Frühmorgenglöcklein
Und schon zwingt mich allmächtige Sehnsucht,
Eiligst zum Klosterkeller zu wandeln ...
Ob ich dort harre in trinkender Arbeit,
Bis sich die Nacht neigt,

Oder ein läuternd Gewitter am Himmel
Diese unendliche Schwüle zerbricht? ...
Weiß nicht ...
Aber mein Durst ist
S e h r   g r o ß   ...
H u   w e h !   m i r   i s t   d e s   T a g e s   b a n g !

Die Maulbronner Fuge.

– – Wem das Kloster Maulbronn bekandt, der hat's können mit seinen Augen sehen, wie in dem Vorhoff selbiger schönen erbauten Kirchen oben im Schwibbogen unter anderen Gemälden auch eine Gans abgemahlt steht, an welcher eine Fläsch, Bratwurst, Bratspiß und dergleichen hangen, neben einer zur nassen Andacht gar wohl komponirten Fuga folgenden Tenors mit ihrem unterlegten Text, gleichwohl nur den initialibus literis A. V. K. L. W. H.

A. V. K. L. W. H.
All Voll, Keiner Leer, Wein Her,

welches vielleicht dieser durstigen Münch und Religiosen Commentarius gewest über das Hohelied Salomonis: Comedite amici et bibite et inebriamini charisimi &.c &.c

T o b . W a g n e r , Evangel. Censur der Besoldischen Motiven etc. Tübingen 1640, p. 652,

Die Maulbronner Fuge.

> Im Winterrefektorium
> Zu Maulbronn in dem Kloster
> Da geht 'was um den Tisch herum,
> Klingt nicht wie Paternoster:
> Die Martinsgans hat wohlgetan,
> Eilfinger blinkt im Kruge,
> Nun hebt die nasse Andacht an
> Und alles singt die Fuge:
> > A. V. K. L. W. H.
> > Complete pocula!

Der Abt Johannes Entenfuß
Kam unwirsch hergewatschelt:
»Was wird so spät als Festtagsschluß
Beim Geigenschall gefratschelt?
Laßt ab, Ihr stört den Doktor Faust
Im Gartenturm dahinten:
Wenn solch ein Singsang zu ihm braust,
Kann er kein Gold nicht finden:
  A. V. K. L. W. H.
  Cavete scandala!

Derweilen bracht der Zellerar,
Herr Godefrit von Niefern,
Den Sankt Martinuszuspitz dar
Vom Keller mit den Küfern,
Der rief: »Herr Abbas, was Ihr sagt,
Soll man in Züchten ehren,
Doch wenn kein andrer Schmerz Euch plagt,
So mögt Ihr uns nicht wehren:
  A. V. K. L. W. H.
  Der Faust sitzt selbst schon da!«

Der Faust saß rückwärts an der Wand
Und trank vergnügt im Dunkeln,
Nun ließ der blasse Nekromant
Sein Glas am Licht karfunkeln
Und sprach: »Ich brüt schon Tag und Jahr
Am schwarzen Zauberbuche
Und merk' erst heut, ich bin ein Narr,
Daß ich das Gold dort suche:
  A. V. K. L. W. H.
  Das echte Gold ist da!«

»Mit Hermes Trismegistos List
Wird keins erlaborieret,
Die Sonne ist der Alchymist,
Der's flüssig destillieret:
Wenn's durch die Adern glüht und rollt

Mit des Eilfingers Wonnen,
Dann habt Ihr Gold, habt echtes Gold,
Und ehrlich selbst gewonnen,
  A. V. K. L. W. H.
  Haec vera practica!«

Da lacht der Abt: »Mit solcher Lehr
Zwingt Ihr auch mich zum Kruge,
Denn A l l V o l l , K e i n e r L e e r , W e i n H e r
Ist eine feuchte Fuge.
Als Fausti Goldspruch laß ich sie
Jetzt in den Kreuzgang malen,
Man kennt die ganze Melodie
Schon an den Initialen:
  A. V. K. L. W. H.
  Sit vino gloria!«

Die eiserne Hand

Urfehde schwört! ansonst ich
Euch in den Brummturm setz,«
Sprach Heilbronns Bürgermeister
Zum Berlichinger Götz.

Zu besserm Nachdruck standen
Den Rathausgang entlang
Weinschrödter, Schmied' und Flözer
Mit Haken, Spieß und Stang'.

Doch wie ein Ratsherrnsinger
Den Hinterhalt winkt vor,
Hub grimm der Berlichinger
Die Eisenfaust empor.

Und still ward's auf den Bänken,
Und still in Saal und Haus:
In Fingern und Gelenken
Sah sie so schlagbar aus,

Als wüchsen nächstens Feigen
So saftig und kandiert,
Wie sie noch nie auf Erden
Ein sterblich Ohr geziert.

* * *

Derweil klangs wie Trompeten
Vom Neckartor herauf:
Sickingens Reiter trabten,
Und Fußvolk kam im Lauf.

»So seid doch nicht so zornig!«
Sprach jetzt der Magistrat,
»Es kommt in Stadt wie Land vor,
Daß man sich mißverstât,

Wer drohte je mit Brummturm?
Wir bieten Losament
Und laden den Herrn Schwager
Samt Euch zum Traktament.«

» »Ah so, liebwerte Nachbarn,« «
Sprach Götz, » »viel Dank, ich komm ...
Der Teufel soll Euch holen,
Wie seid Ihr plötzlich fromm.

* * *

Mir scheint, die Faust von Eisen
Bringt Wunderwerk zuweg:
Wär's ein Glanzleder-Handschuh,
Weiß Gott, wo ich heut läg'!««

Der Enderle von Ketsch.

In der Beschreibung der Pfalz von Merian (1645) wird bei Erwähnung des Dorfes Ketsch erzählt:

»Pfaltzgraf Oth Heinrich, nachmals Churfürst, fuhr vmb das Jahr 1530 ins gelobte Land, nach Jerusalem. In seiner zurück Reyse kam er vber die Offenbahre See herauß, da jhme dann ein Schiff, nach Nordwegen zu, begegnete, darinn diß Geschrey, gehört wurde:

»Weichet, weichet, der dick Enderlein von Ketsch kompt.«

»Der Pfaltzgraf vnd sein Cammermeister Mückenhäuser kennten den gottlosen Schuldtheiß allhie zu Ketsch vnnd auch den Orth wol; daher als sie heimbkamen, sie nach dem dicken Enderle, vnnd vmb die Zeit seines todts gefragt vnd vermerckt haben, daß es mit der Zeit vberein gestimmt, da sie das Geschrey auff dem Meer gehört hatten: wie Weyland ein Professor zu Heydelberg in seinen Schriften auffgezeichneter hinderlassen hat.«

Der Enderle von Ketsch.

Chorus:

Jetzt weicht, jetzt flieht! Jetzt weicht, jetzt flieht
Mit Zittern und Zähnegefletsch:
Jetzt weicht, jetzt flieht! Wir singen das Lied
Vom Enderle von Ketsch!

Solo:

Ott' Heinrich, der Pfalzgraf bei Rheine,
Der sprach eines Morgens: »Rem blemm!
Ich pfeif' auf die saueren Weine,
Ich geh' nach Jerusalem!

»Viel schöner und lilienweißer
Schau'n dort die Jungfrauen drein:
O Kanzler, o Mückenhäuser,
Fünftausend Dukaten pack ein!«

Und als sie lagen vor Joppen,
Da faltet der Kanzler die Hand:
»Jetzt langt's noch zu e i n e m Schoppen,
Dann sind die Dukaten zu End!«

Ott' Heinrich, der Pfalzgraf, sprach munter:
»Rem blemm! Was ficht uns das an?
Wir fahren nach Cyprus hinunter
Und pumpen die Königin an.«

... Schon tanzte die alte Galeere
Vor Cyprus in funkelnder Nacht,
Da hub sich ein Sturm auf dem Meere
Und rollender Donner erkracht.

Umzuckt von gespenstigem Glaste
Ein schwarzes Schiff braust vorbei,
Hemdärmlich ein Geist steht am Maste
Und furchtbar gellet sein Schrei:

Chorus:

»Jetzt weicht, jetzt flieht! Jetzt weicht, jetzt flieht
Mit Zittern und Zähnegefletsch:
Jetzt weicht, jetzt flieht! im Sturm herzieht
Der Enderle von Ketsch!«

Solo:

Der Donner klang leise und leiser
Und glatt wie Oel lag die See,
Dem tapferen Mückenhäuser,
Dem Kanzler, war's wind und weh.

Der Pfalzgraf stund an dem Steuer
Und schaut' in die Wogen hinaus:
»Rem blemm! 's ist nimmer geheuer,
O Cyprus, wir müssen nach Haus!

»Gott sei meiner Seele gnädig,
Ich bin ein gewitzigter Mann:
Zurück, zurück nach Venedig!
Wir pumpen niemand mehr an.

»Und wer bei den Türken und Heiden
Sein Geld wie ich verschlampampt,
Der verzieh sich geräuschlos beizeiten,
Es klingt doch höllenverdammt:

Chorus:

Jetzt weicht, jetzt flieht! Jetzt weicht, jetzt flieht
Mit Zittern und Zähnegefletsch:
Jetzt weicht, jetzt flieht! im Sturm herzieht
Der Enderle von Ketsch!«

Die Lieder vom Rodenstein.

Die drei Dörfer.

I.

Wer reit't mit zwanzig Knappen ein
Zu Heidelberg im Hirschen?
Das ist der Herr von Rodenstein,
Auf Rheinwein will er pirschen.

»Hollaheh! den Hahn ins Faß! schenkt ein,
Ich fürcht', die Kehlen rosten.
Wir wölln ein Jahr lang lustig sein,
Und sollt's ein Dorf auch kosten!

»Ein Dorf, was ist's? .. Nur Mist und Rauch,
Ich hab' ja ihrer dreie ...
Gersprenz und Pfaffenbeerfurt auch
Und Reichelsheim, das treue.«

Trommeten klangen mit Schalmein
Und Pauken um die Wette,
Zwölf Monden saß der Rodenstein
Beim fürstlichen Bankette.

Und als er sich nach Jahr und Tag
Die Rechnung hergewunken,
Da sprach er: »Blitz und Donnerschlag!
Jetzt ist Gersprenz vertrunken!
    Gersprenz ist hin!
    Gersprenz ist fort!
    Gersprenz der fromme, der züchtige Ort,
    Gersprenz .. ist ... veritrunken.

Hollaheh! doch wie man's treibt, so geht's,
Was liegt an dem Verlurste?
Man spricht vom vielen Trinken stets.

Doch nie vom vielen Durste.
   Gersprenz ist hin!
   Gersprenz ist fort!
   Gersprenz der fromme, der züchtige Ort,
   Gersprenz .. ist .. veritrunken.«

II.

Wer reit't mit sieben Knappen ein
Zu Heidelberg im Hirschen?
Das ist der Herr von Rodenstein,
Auf Rheinwein will er pirschen.

»Hollaheh! den Hahn ins Faß! schenkt ein,
Ich fürcht', die Kehlen rosten.
Wir wöll'n ein halb Jahr lustig sein,
Und sollt's ein Dorf auch kosten!

»Ein Dorf, was ist's? .. Ein rußig Loch,
Und ich hab' ihrer zweie,
Ich hab' ja Pfaffenbeerfurt noch
Und Reichelsheim, das treue.«

Trommeten klangen mit Schalmein,
Die Pauken täten schweigen ...
Sechs Monden saß der Rodenstein
Beim süßen Rheinweinreigen.

Und als nach halber Jahresfrist
Der Rechnung er gewunken,
Da sprach er: »Hollaheh! jetzt ist
Auch Reichelsheim vertrunken!
   Reichelsheim ist hin!
   Reichelsheim ist fort!
   Reichelsheim der treue, schnapsbrennende Ort,
   Reichelsheim .. ist .. veritrunken.

* * *

Hollaheh! doch wie man's treibt, so geht's!
Was liegt an dem Verlurste?
Man spricht vom vielen Trinken stets,
Doch nie vom vielen Durste.
    Reichelsheim ist hin!
    Reichelsheim ist fort!
    Reichelsheim der treue, schnapsbrennende Ort,
    Reichelsheim .. ist .. veritrunken.«

III.

Wer wankt zu Fuße ganz allein
Gen Heidelberg zum Hirschen?
Das ist der Herr von Rodenstein,
Vorbei ist's mit dem Pirschen.

»Herr Wirt, ein Kännlein dünnes Bier
Und einen Harung im Salze!
Ich hab' vom vielen Malvasier
Das Zipperlein am Halse.

»Der schönste, größte Durst der Pfalz
Muß früh in Ruhstand sinken;
Das letzte Dorf des Odenwalds
Kann ich nicht mehr vertrinken.

»Einen Notary ruft herein,
Der schreib' die Testamenten:
Pfaffenbeerfurt soll der Hochschul' sein,
Mein Durst den Herrn Studenten!

»Stets bin ich alter Mann gerührt,
Seh' ich die wackern Jungen.
Und schlucken sie wie ich, so wird
Dereinstmals doch gesungen:
    Pfaffenbeerfurt ist hin!

Pfaffenbeerfurt ist fort!
Pfaffenbeerfurt, die duftige Mistfinkenhöhl',
Pfaffenbeerfurt, des Odenwalds Kronjuwel,
Pfaffenbeerfurt .. ist .. veritrunken!«

»Hollaheh! doch wie man's treibt, so geht's!
Was liegt an dem Verlurste?
Man spricht vom vielen Trinken stets.
Doch nie vom vielen Durste.
Pfaffenbeerfurt ist hin!
Pfaffenbeerfurt ist fort!
Pfaffenbeerfurt, die duftige Mistfinkenhöhl',
Pfaffenbeerfurt, des Odenwalds Kronjuwel,
Pfaffenbeerfurt .. ist .. veritrunken!«

Der Willekumm.

Und als der Herr von Rodenstein
Zum Frankenstein sich wandte,
Empfing er seinen Ehrenwein,
So wie es Brauch im Lande.
In Beerbach vor dem Rathaus bracht'
Der Zentgraf mit den Bauern
Den Kauzenkrug. Der Alte lacht:
»Nur her mit Euerm Sauern!
    Ihr Mannen macht das Armbein krumm,
    Der Willekumm gaht um, gaht um,
    Holliro, das Bauernkäuzlein
    Gaht um, gaht um!«

Als er von dort sich durchgezerrt,
Zur Frankensteiner Linde,
Stand Weg und Durchpaß dicht gesperrt
Vom jungen Burggesinde:
Ein Reiterstiefel lebensgroß
Von Ton, ein feinbemalter.
Ward ihm gefüllt kredenzt auf's Roß
Und alles sang den Psalter:
    »Ihr Mannen, macht das Armbein krumm,
    Der Willekumm gaht um, gaht um,
    Halliro, der große Stiefel
    Gaht um, gaht um!«

Im Burghof grüßt' ein zweiter Schwarm
Ihn mit Karthaunenzündung,
Da schwang der Burgherr selbst im Arm
Des zweiten Stiesels Ründung.
Des Schloßbergs Feinsten goß man ein
Und würdig sprach der Ritter:
»Herr Nachbar, nit auf eynem Bein!
Der hier schmeckt auch nicht bitter.
    Ihr Mannen, macht das Armbein krumm,
    Der Willekumm gaht um, gaht um,

Holliro, der große Stiefel
Gaht um, gaht um.«

Der Rodenstein trank aus und rief:
»Gott segne deine Nase!
Die meine bog sich beinah schief
Von solchem Strom im Glase.
Jetzt wöll'n wir in dem Rittersaal
Ausruhn vom ersten Tosen;
Mir ahnt, dort füllt dein Ehgemahl
Das Trinkhorn Karls des Großen.
Und nochmals heißt's: das Armbein krumm,
Der Willekumm gaht um, gaht um,
Holliro, des Kaisers Hörnlein
Gaht um, gaht um.«

... Beim Abschied andern Morgens war
Ein Nebel weit und breite.
Da bracht man ihm das Stammbuch dar
Zum Eintrag, eh' er scheide.
Und zittrig schrieb er: »Kund soll sein,
Daß ich hie eingeritten
Und lob' das Haus zum Frankenstein
Als Haus von guten Sitten:
    Der Willkumm hat mir so gemund't,
    Daß ich das Bett nicht finden kunnt',
Holliro, nicht nur der Stiefel,
    's ging alles um!«

Die Pfändung.

Und wieder saß beim Weine
Im Waldhorn ob der Bruck
Der Herr vom Rodensteine
Mit schwerem Schluck und Gluck.

Der Wirt sprach tief in Trauer:
»Daß Gott sich mein erbarm'!
Der sitzt wie eine Mauer
Und trinkt mich nächstens arm.

»Wie soll das all noch enden?
Kein' Pfenning gibt er her ...
Ich glaub', ich laß ihn pfänden,
Sonst weicht er mir nicht mehr!«

Der Fronvogt samt dem Büttel
Kam handfest an im Korn:
»Heraus den Sammetkittel,
Die Stiefel und die Sporn.

»Heraus des Mantels Zierde,
Handschuh und Zobelhut!
Verfallen diesem Wirte
Ist all Eu'r Hab und Gut!«

Da lacht der Rodensteiner:
»Nur zu! ... wie wird mir wohl!
's trinkt leichter sich und feiner
Im Unterkamisol!

»Und bis Ihr mir die Kehlen
Könnt pfänden aus dem Hals,
Werd' ich noch manchen quälen.
Der Wein schenkt in Kurpfalz!«

Der Knapp.

Der Herr vom Rodensteine
Sprach fiebrig und schabab:
»Ungern duld' ich alleine,
Wo steckt mein treuer Knapp?

»Ich spür' in Haupt und Magen
Ein Stechen und Geschlapp ...
Diesmal geht mir's an Kragen,
Wo steckt mein treuer Knapp?«

Der Reitersjungen viere
Durchsuchten Weg und Steg:
Der Knapp saß fest beim Biere,
Juhei! im Bremeneck.

Er trank und sprach mit Trauern:
»Du braver Rodenstein!
Allein ich muß bedauern,
Ich kann nicht bei dir sein!

»Ist d i r 'was zugestoßen –
Auch i c h hab 'was erlebt:
Ich bin mit Rock und Hosen
Hier völlig festgeklebt.«

Die Jungen meld'ten traurig
Dem Kranken, was gescheh'n,
Da sprach er fieberschaurig:
»O Knapp, das ist nicht schön!

Lässest du dein'n Herren schwitzen
In solcher Not und Plag',
So sollt du übersitzen
Bis an den jüngsten Tag!«

Er sprach's und starb im Fieber,
Sein letztes Wort traf zu,
Der Knapp sitzt heut noch über,
Es läßt ihm keine Ruh.

Und Nachts wie Sturmgewitter
Jagt's oft straßauf, straßab.
Das ist der alte Ritter,
Er ruft: »Wo steckt mein Knapp?!«

Das wilde Heer.

Das war der Herr von Rodenstein,
Der sprach: »Daß Gott mir helf,
Gibt's nirgends mehr 'nen Tropfen Wein
Des Nachts um halber Zwölf?«
'Raus da! 'Raus aus dem Haus da!
Herr Wirt, daß Gott mir helf,
Gibt's nirgend mehr 'nen Tropfen Wein
Des Nachts um halber Zwölf?«

Er ritt landauf, landab im Trab,
Kein Wirt ließ ihn ins Haus;
Todkrank noch seufzt vom Gaul herab
Er in die Nacht hinaus:
»'Raus da! 'Raus aus dem Haus da!
Herr Wirt, daß Gott mir helf,
Gibt's nirgends mehr 'nen Tropfen Wein
Des Nachts um halber Zwölf?«

Und als mit Spieß und Jägersrock
Sie ihn zu Grab getan,
Hub selbst die alte Lumpenglock
Betrübt zu läuten an:
»'Raus da! 'Raus aus dem Haus da!
Herr Wirt, daß Gott mir helf,
Gibt's nirgends mehr 'nen Tropfen Wein
Des Nachts um halber Zwölf?«

Doch wem der letzte Schoppen fehlt,
Den duld't kein Erdreich nicht;
Drum tobt er jetzt, vom Durst gequält,
Als Geist umher und spricht:
»'Raus da! 'Raus aus dem Haus da!
Herr Wirt, daß Gott mir helf,
Gibt's nirgends mehr 'nen Tropfen Wein
Des Nachts um halber Zwölf?«

Und alles, was im Odenwald
Sein' Durst noch nicht gestillt,
Das folgt ihm bald, das schallt und knallt,
Das klafft und stampft und brüllt:
»'Raus da! 'Raus aus dem Haus da!
Herr Wirt, daß Gott mir helf,
Gibt's nirgend mehr 'nen Tropfen Wein
Des Nachts um halber Zwölf?«

... Dies Lied singt man, wenn's auch verdrießt,
Gestrengem Wirt zur Lehr';
Wer zu genau die Herberg schließt,
Den straft das wilde Heer:
»'Raus da! 'Raus aus dem Haus da!
Rumdiridi, Freijagd!
Hoidirido, Freinacht!
Hausknecht hervor!
Oeffne das Tor!
'Raus! 'raus! 'raus!«

Der Überfall.

Und wieder sprach der Rodenstein:
»Hallo! mein wildes Heer!
In Tiefschluckhausen fall' ich ein
Und trink' den Pfarrer leer.
'Raus da! 'Raus aus dem Haus da!
Herr Pfarr, daß Gott Euch helf!
Gibt's nirgend mehr 'nen Tropfen Wein
Des Nachts um halber Zwölf?«

Der Pfarr, ein tapfrer Gottesmann,
Trat streitbar vor sein Tor,
Mit Weihbrunn, Skapulier und Bann
Die Geister er beschwor:
»'Raus da! 'Raus aus dem Haus da!
Daß Euch der Satan helf,
Kriegt Ihr ein' einzigen Tropfen Wein
Des Nachts um halber Zwölf!«

Doch fröhlich brummt der Rodenstein!
»O Pfarr, ich fang' dich doch!
Ein Geist, der nicht zum Tor kommt 'rein,
Probiert's am Kellerloch!
'Nein da!... 'Nein zu dem Wein da!
Hurra! schon sind wir drin!
Sein Keller ist nicht schlecht besetzt,
Hurra! wir trinken ihn!«

O armes, frommes Pfarrerherz,
Heut hat der Böse Macht!
Vergeblich rief er kellerwärts,
Daß das Gewölbe kracht:
»Schwein' da... Schwein' da... bei dem Wein da!
Heißt das sich aufgeführt?
So laßt mir doch die Kompetenz,
Die einem Pfarr gebührt!«

Und als die Glocke Ein Uhr schlug,
Das Heer sang dumpf und hohl:
»Herr Pfarr, Herr Pfarr, jetzt ha'n wir gnug,
Herr Pfarr, jetzt lebet wohl!
'Raus jetzt! 'Raus aus dem Haus jetzt!
Herr Pfarr, und bleibt gesund!
's fließt nirgend mehr ein Tropfen Wein
Aus Krug und Hahn und Spund.«

Da flucht der Pfarr: »Ich dank recht sehr,
Schwernot! Ist alles hin,
So will ich selbst im wilden Heer
Als Feldkaplan mitzieh'n!
'Naus jetzt! 'Naus aus dem Haus jetzt!
Herr Ritter, ich schlag' ein:
Ist all mein Wein zum Teufel, soll
Ein and'rer Pfarrherr sein!
Hussa, hallo!
Jo, hihaho!
Rumdiridi, langt's nit,
Hoidirido, selbst mit!
Höllischer Chor,
Heut reit' ich vor:
'Naus! 'naus! 'naus!!«

Die Fahndung.

Und wieder sprach der Rodenstein:
»Pelzkappenschwerenot!
Hans Breuning, Stabstrompeter mein,
Bist untreu oder tot?
Lebst noch?... Lebst noch und hebst noch?
Man g'spürt dich nirgend mehr...
Schon naht die durstige Maiweinzeit,
Du mußt mir wieder her!«

Er ritt bis er gen Darmstadt kam,
Kein Fahnden war geglückt;
Da lacht' er, als am schwarzen Lamm
Durchs Fenster er geblickt:
»Er lebt noch!... Lebt noch und hebt noch!
Doch frag' mich keiner: wie?
Wie kommt mein alter Flügelmann
In solche Kompagnie?«

In Züchten saß der Stammgastschar
Nach Rang und Würden dort,
Dünnbier ihr Vespertrünklein war,
Es klang kein lautes Wort.
»Sacht stets!... Sacht und bedacht stets
Ist Lebens Hochgenuß,«
So flüstert ein Kanzleimann just
Zum Kreisamtssyndikus.

In dieser Schöppleinschlürfer Reih'
Saß auch ein stilles Gast,
Und als es acht Uhr war vorbei,
Nahm's Stock und Hut mit Hast.
»Acht jetzt!... acht jetzt... gut Nacht jetzt!
Einst war ich nicht so brav,
Doch ehrbar wandeln ist das Best'!
Ich geh' ins Bett und schlaf'.«

Der Rodenstein in grimmem Zorn
Hub grau'nhaft sich empor;
Dreimal stieß er ins Jägerhorn
Und blies mit Macht den Chor:
»'Raus da! 'Raus aus dem Haus da!
'Raus mit dem Deserteur!
Das lahme, zahme Gast da drin
Gehört zum wilden Heer!«

Da faßt das Gast ein Schreck und Graus,
Erst sank es tief ins Knie,
Dann stürzt es einen Maßkrug aus,
Schlug's Fenster ein und schrie:
»'Naus da! 'Naus aus dem Haus da!
O Horn und Sporn und Zorn!
O Rodenstein! O Maienwein!
Noch bin ich nicht verlor'n.
Rumdiridi, Freijagd!
Hoidirido, Freinacht!
Alter Patron,
Empfah' deinen Sohn!
Hussa, Hallo!
Jo, hihaho!
'Naus, 'naus, 'naus!«

Heidelbergisch.

Numero acht

im Holländer Hof zu Heidelberg.

Zwei Schatten seh' ich schweben
In später, später Nacht;
Wißt Ihr, wohin sie streben? –
– Beide auf Numero acht!

Der Hausknecht, als es läutet,
Mit einem Fluch erwacht;
Er weiß schon, was es bedeutet:
Beide auf Numero acht!

»Alt Holland steht in Nöten,
Weh' uns, die wilde Jagd!
Weh' uns, die alten Schweden
Beide auf Numero acht!

»Heißt das als fleißiger Schreiber
Ein neues Buch gemacht,
Ihr grausamen Ueberkneiper
Beide auf Numero acht?

»Heißt das als frommer Pastor
An die Gemeinde gedacht?
Ihr sündenharte Laster
Beide auf Numero acht?!«

Der Hausknecht, ungewaschen
Murrt er's und ungeschlacht,
Da lärmt's: »He! noch zwei Flaschen,
Beide auf Numero acht!«

Und weiter singt es und klingt es
Und jubiliert und lacht,

Und bis zum Hausherrn dringt es:
»Beide auf Numero acht!«

Der spitzt betrübt die Füße,
Die Bettstatt seufzt und kracht;
Stumm nimmt er eine Prise:
»Beide auf Numero acht!!«

Die Martinsgans

Tischlied beim großen Gansschmaus im Museum am 11. November 1857.

Eram nive candidor
Quavis ave formosior
Modo sum corvo nigrior
Refl. miser! miser!

Nunc in scutella iaceo
et volitare nequeo,
deutes fredentes video
Refl. miser! miser!
    modo niger et ustus fortiter

Carmina Burana p. 173

Der Mensch ist ein Barbar von Natur,
Er achtet nicht im mindesten die Nebenkreatur,
    Tut sieden sie und braten,
    Verspeist sie mit Salaten,
Schütt't Wein oben drauf aus güldnem Gefäß
Und nennt das gelehrt: Ernährungsprozeß.

Mich gute Gans haben s' auch erwischt
Und allezeit gerupft und aufgetischt.
    Zum Könige Gambrinus
    Sprach einst schon Sankt Martinus:
»Die Welt, edler Herr, ist nicht viel nütz.
Doch trefflich schmeckt zu Bier wie Wein ein Pfaffen-
schnitz.«

Der eilfte Novembris war der Tag,
Allwo er dieses Wort mit Nachdruck sprach;
    Drum braten brave Leute
    Die Martinsgans noch heute,

Ich armer Vogel, ist das mein Lohn,
Daß man mich tot verzehrt auf Subskription?

Wie anders war's, da auf der Weid
Als Gänsulein ich prangte im Flügelkleid?!
　　Auf e i n e m Fuße stehend
　　Und Aug' und Schnabel drehend
Zum Liebsten, der just über den Rhein
In männlicher Reife als Gänserich kam heim.

O hätt' ich nie gemußt in die Stadt,
Wo niemals eine Köchin eine Bildung hat!
　　Sie lachte sehr gemeine
　　Und preßt' mich an die Beine
Und sprach: »Ob's dich auch drückt und verkropft,
Mit Welschkorn wirst du jetzt vollgestopft!«

So werd' ich schon bei lebender Zeit
Zu Braten und Pasteten vorbereit't;
　　Mein Geist geht sehr zurücke,
　　Die Leber nur wird dicke;
Sie fragen nicht mehr: Ist schön ihr Gesicht?
Sie fragen allein: Wie fällt sie ins Gewicht?

Ist das der Dank, daß unsere Schar
Der Hauptstadt der Welt Erretterin einst war?
　　Von wegen Weinverkosten,
　　Schlief alles auf den Posten,
Ohn' unser tapfer Schnattern und Schrei'n
Hätt' Rom schon anno Tubak französisch müssen sein.

Ihr schmausende Herrn, doch spart Euern Hohn,
Wir retten nicht zum zweitenmal die Zivilisation:
　　Und stürmt am Kapitole
　　Rheinwein, Bordeaux und Bowle,
Keine Gans wird Euch mehr warnen und krähn,
Doch jammernd werden morgen die Katzen vor Euch
stehn.

Die letzte Hose.

Letzte Hose, die mich schmückte,
Fahre wohl! dein Amt ist aus,
Ach auch dich, die mich entzückte,
Schleppt ein andrer nun nach Haus.

Selten hat an solchen Paares
Anblick sich ein Aug erquickt;
Feinster Winterbuxking war es,
Groß kariert – und nie geflickt!

Mit Gesang und vollen Flaschen
Grüßt ich einst in dir die Welt;
Zum Hausschlüssel in der Taschen
Klang noch froh das bare Geld.

Aber längst kam das Verhängnis,
Die Sechsbätzner zogen fort,
Und das Brückentorgefängnis
Ist ein dunkler stiller Ort ...

Längst verschwand, was sonst versetzlich,
Frack – und Rock – und Mantels Pracht.
Nun auch du! es ist entsetzlich!..
Letzte Hose, gute Nacht!

Tag der Prüfung, o wie bänglich
Schlägt mein Herz und fühlt es hell:
Alles Irdische ist vergänglich
Und das Pfandrecht schreitet schnell!

Nirgends winkt uns ein Erlöser,
Letzte Hose! .. es muß sein!..
Elkan Levi, dunkler, böser
Trödler, nimm sie! .. Sie sei dein!

Stiefelfuchs, du alter treuer.
Komm und stütz mein Dulderhaupt!
Noch ein einziger Schoppen Neuer
Sei dem Trauernden erlaubt.

Dann will ich zu Bett mich legen
Und nicht aufstehn, wenn's auch klopft,
Bis ein schwerer goldner Regen
Unverhofft durchs Dach mir tropft.

Zeuch denn hin, die ich beweine.
Grüß den Rock und 's Kamisol!
Weh! schon friert's mich an die Beine!..
Letzte Hose, fahre wohl!!

Der letzte Postillon.

Bald ist, soweit die Menschheit haust,
Der Schienenweg gespannt;
Es keucht und schnaubt und stampft und saust
Das Dampfroß rings durchs Land.

Und wiedrum in fünfhundert Jahr
Weiß der Gelahrteste nicht
Zu sagen, was ein Hauderer war.
Was Fuhrmanns Recht und Pflicht.

Nur in der Nacht der Sonnenwend'
Wo dunkle Schemen gehn,
Wird zwischen Erd' und Firmament
Ein fremd Gespann gesehn.

Der Schimmel trabt, die Peitsche schwirrt,
Laut schmettert Posthornton,
Als Geist kommt durch die Luft kutschiert
Ein greiser Postillon.

Fahl glänzt am gelben Sperlingsfrack
Thurn Taxis' Wappenknopf,
Er raucht uralten Rauchtabak
Aus braunem Ulmerkopf.

Er raucht und spricht: »O Erdenball,
Wie anders schaust du drein,
Seit ich mit Sang und Peitschenknall
Reichspostdienst tat am Rhein!

»O Zeit des Paßgangs und des Trabs,
Des Trinkgelds und des Trunks,
Des Poststalls und des Wanderstabs,
Des idealen Schwungs!

Jetzt geht die Welt aus Rand und Band,
Die Besten ziehn davon,
Und mit dem letzten Hausknecht schwand
Der letzte Postillon.

Jetzt rennt der Dampf, jetzt brennt der Wind,
Jetzt gilt kein Früh und Spat,
Die Sonne malt und blitzgeschwind
Briefschreibt der Kupferdraht.

O neues Rüstzeug, alter Kampf!
Wo treff' ich Glück und Ruh? . .
O Erdenphosphor, Gas und Dampf!
Fahr zu, mein Schimmel, fahr zu!«

Der Fünfundsechziger.

In luftiger Trinkkemenaten
Den Ort gesteht man nicht ein –
Da prüften drei späte Nomaden
Den edelsten pfälzischen Wein.
Aus rötlichen Römern erblinkte
Des Rieslings feinperlendes Gold,
Des Höhensaums Rebgeländ' winkte
Im Mondschein den Trinkenden hold.

Der Erste, ein weitum gereister
Philologus spitzte den Mund:
» D a s kochten uns Erdfeuergeister
Mit Aether und Sonne im Bund.
Drum flutet's und glutet im Becher
Geistfunkelnd, sanftrhythmisch und voll,
Als sängen homerische Zecher
Ein ionisches Kneiplied in Moll.«

Der Zweite, ein trockener Kenner
Und Deuter des römischen Rechts:
»Proficiat,« sprach er, »ihr Männer,
Wir läppern allhiero nichts Schlechts.
Wer schaut nicht, wenn bacchisches Donum
So goldklar im Kelchglase scheint,
Das Justum, Aequum et Bonum
In diesem Römer vereint?«

Der Dritte, der putzte die Lichter,
Die mächtig heruntergebrannt.
Und sprach: »Zwar bin ich kein Dichter
Und kunstlos und schlicht von Verstand:
Doch nähert sich solch' einem Schoppen
Mein Herz ... dann überwallt's ...
's is halt e verflucht feiner Troppen,
Ich segne die Hügel der Pfalz!«

Derweilen ging draus auf dem Damme
Spießtragend ein Vierter vorbei.
Der blies eine wundersame
Gewaltige Melodei:
»Ihr Herren, und lasset Euch sagen,
Die Stadtgemeinde braucht Schlaf,
Die Glocke hat eilf Uhr geschlagen.
Wer jetzt nicht zu Bett geht, zahlt Straf'.«

Perkêo.

Das war der Zwerg Perkêo im Heidelberger Schloß,
An Wuchse klein und winzig, an Durste riesengroß.

Man schalt ihn einen Narren, er dachte: »Liebe Leut',
Wärt' Ihr wie ich doch alle feuchtfröhlich und ge-
scheut!«

Und als das Faß, das große, mit Wein bestellet war,
Da ward sein künftiger Standpunkt dem Zwergen völ-
lig klar,

»Fahr wohl,« sprach er, »o Welt, du Katzenjammertal,
Was sie auf dir hantieren ist Wurst mir und egal!

»Um lederne Ideen rauft man manch heißen Kampf,
Es ist im Grund doch alles nur Nebel, Rauch und
Dampf.

»Die Wahrheit liegt im Weine. Beim Weinschlurf son-
der End
Erklär' ich alter Narre fortan mich permanent.«

Perkêo stieg zum Keller; er kam nicht mehr herfür
Und sog bei fünfzehn Jahre am rheinischen Malvasier.

War's drunten auch stichdunkel, ihm strahlte inneres
Licht,
Und wankten auch die Beine, er trank und murrte
nicht.

Als er zum Faß gestiegen, stands wohlgefüllt und
schwer,
Doch als er kam zu sterben, klang's ausgesaugt und
leer.

Da sprach er fromm: »Nun preiset, ihr Leute, des Herren Macht,
Die in mir schwachem Knirpse so Starkes hat vollbracht:

»Wie es dem kleinen David gegen Goliath einst gelang,
Also ich arm' Gezwerge den Riesen Durst bezwang.

»Nun singt ein De Profundis, daß das Gewölb' erdröhnt,
Das Faß steht auf der Neige, ich falle sieggekrönt.«

… Perkêo ward begraben. – Um seine Kellergruft
Beim leeren Riesenfasse weht heut noch feuchte Luft.

Und wer als frommer Pilger frühmorgens ihr genaht:
Weh' ihm! Als Weinvertilger durchtobt er Nachts die Stadt.

Das große Faß zu Heidelberg

der XXIV. Versammlung deutscher Philologen und Schulmänner zum 27. September 1865.

Tischlied beim Festmahl im Bankettsaal des Schlosses.

Glück auf! ein guter Genius
Kommt heut zum Schloß gezogen,
Kollegialisch dröhnt mein Gruß
Euch deutschen Philologen:
Denn Ihr durchforscht mit Blick und Glück
Die Vorzeit Schicht' um Schichte,
Und ich, durchmorscht, bin selbst ein Stück
Kultur und Sprachgeschichte.

A e g y p t e n hat die Mumien gut,
Den Geist schlimm aufgehoben
Und sog des Palmsafts heil'ge Flut
Aus dicken N i l k a n o b e n.[5] Auch dem A s s y r e r
fiel's nicht ein
Getränk zu überwintern,
Verschimmelt stand sein Dattelwein
In K e i l s c h r i f t t o n z y l i n d e r n.

Der Stoff des weisen S a l o m o[6] Kam nie zu feinem
Hauche,

---

[5] Abbildung eines solchen mit Hieroglyphen übersäeten, enghalsigen und dick-
bäuchigen Krugungeheuers, dessen menschlich geformter Kopf eine der altägyp-
tischen großen Naturgottheiten darstellte, siehe bei Minkwitz, Illustriertes Ta-
schenwörterbuch der Mythologie, Leipzig 1853, s.v. Canobus p. 151.

[6] »Baalhamoner«, Salomo hatte einen Weinberg zu Baal-Hamon. Hohes Lied 8,
11. Auch der aus den Weingärten zu Engeddi gewonnene Stoff erschien preis-

Denn sein Bukett blieb immer roh
Im dunkeln G e i ß b o c k s c h l a u c h e .
Erst als P h ö n i k e r Sand zu Glas
Umschmolzen in den Aschen,
Sah Israel... zwar noch kein Faß,
Doch schon... p i t s c h i e r t e F l a s c h e n .

E u r o p a , sumpfig, feucht und leer,
Ließ wild die Rebe treiben,
Die Salamander drohten sehr
Den Menschen aufzureiben,
Der Erste, der im Urwald keck
Sich briet den Urstierschlegel,
Trug seinen Meth als Handgepäck
In einem schmalen L e g e l .

Der K e l t e , der auf Pfählen saß
Und niedrer Bildungsstufe[7] Barg ein s e h r zweifelhaf-
tes Naß
In zweifelhafter K u f e .
In der K i m m e r i e r Nebelgrau,
Bei Völkern rauh und zottich,
Kam auch kein großes Faß zum Bau,
Nur B ü t t e , P o t t und Pottich,

A l t - H e l l a s fand die Faßform früh,
Noch nicht für Bacchus Wonnen;
Man pflag statt Weins Philosophie
In leeren hohlen T o n n e n .
Das zweckbewußte R ö m e r t u m
Bedurfte starker Labe:

---

würdig. Hohes Lied 1, 14.

[7] Siehe die Mitteilungen der antiquar. Gesellschaft zu Zürich, »Pfahlbauten«,
Erster Bericht, Band IX. Abt. 2. Heft 3. – Fünfter Bericht, Band XIV. Heft 6]

Zum m a g n u m v a s v i n a r i u m
Schlich Plinius schon als Knabe.[8]

Doch das antike v a s u m war
Von Ton und spitz nach unten,
Und auch vom c a d u s ist nicht klar,
Ob Reif er trug und Spunten.
Das echte Faß zeigt deutschen Schwung,
Es gingen die Germanen
Schon auf die Völkerwanderung
Mit T r i n k g l a s , F a ß u n d H a h n e n .[9]

D i e t r i c h v o n B e r n rief oftmals froh
Im Keller seines Schlosses:
» T h a t a liubo fat, thata, mikilo!
Du liebes Faß, du großes!«
Und oft sah ihn der G o t h e n Heer
Vergnügt dem Reichsschenk winken:
»Schafft eine Maß zu trinken her!
Scapia maziaia drinkan![10]

---

[8] Vasa vinaria, siehe Plinius hist. nat. c. 21. Erhaltene Exemplare im Museum der helvetischen Römerstadt Aventicum, jetzt Avenches im Waadtland. S. Joh. v. Müllers Geschichte der Schweiz I, 63.

[9] Glasbecher aus altdeutschen Gräbern siehe Cochet, Normandie souterraine. Paris 1855. p. 183, – Lindenschmit, das germanische Totenlager bei Selsen in Rheinhessen p. 27. – Hassler, das alemannische Totenfeld bei Ulm, in den Verhandlungen des Vereins für Kunst und Altertum in Oberschwaben. Bd. XIII. p. 28.

Faßhahnen aus altdeutschen Gräbern siehe Hassler 1. cit. p. 23, und die Abbildungen auf Tafel II: Fig. 12 und 13.

[10] Hie neigt sich das große Faß hochachtungsvoll vor den versammelten Mitgliedern
der germanistischen Sektion und dekliniert sich selbst auf gothisch wie folgt:

Sing. nom. das große Faß   fat thata mikilô
gen. des großen Fasses   fatis this mikilins
dat. dem großen Fasse   fata thamma mikilin
accusativ wie nominativ.

Des R o t b a r t s Kaisermacht empfing
Den Reichstag gern beim Fasse
Und sang, wenn's auf die Neige ging,
In althochdeutschem B a s s e :
»Iz rinnit nich ein tropho mêr,
Der wîn ist vortgehupfit...
Ou wê mîn grôzaz vaz stât lêr,
Sie hâ'nt mirz ûz gesupfit!...«[11]

Als edler Bildungsdurst die Welt
Erfüllt mit edlem Streben,
Rief mich ein Kurfürst und ein Held
Als Burgfaß hier ins Leben.
Noch steh ich fest, wo alles fiel,
Des Pfälzer Geists ein Funken:
Groß im Gedanken, flott im Stil
Und gänzlich – leergetrunken.

O wär' ich voll heut', Mann und Glas
Füllt' ich mit Rheinweinmassen!
Doch weh und ach!... dem Hauptwort »F a ß «
Fehlt längst sein Zeitwort »f a s s e n « .

Plur. nom. die großen Fässer fata tô mikilôna
gen.   der großen Fässer fatê thizê mikilanê
dat.   den großen Fässern fatam thaim mikilam
acc.   wie nom. –

Die Erklärung des gotischen »scapia maziaia drinkan« siehe bei Massmann Gothica minora, in Haupts Zeitschrift für deutsches Altertum Band I. S. 379.
[11] Hier neigt sich das große Faß vor den anwesenden Germanisten zum andernmal und dekliniert sich selbst auf althochdeutsch wie folgt:

Sing. nom. das große Faß   vaz grozâz oder vaz daz michila
gen.   des großen Fasses vazzes grôzes oder vazzes des michilin
dat.   dem großen Fasse vazze michilemu oder vazze demo michilin
acc.   wie nom.

Den Pluralis fügt dasselbe nicht mehr bei, um nicht allzu ausführlich zu werden Feliciter bibatis!

94

»Geleerter Größe« bricht der Mut
Zu bacchischem Gedichte...
... Ich bitt' nur um die Note »gut«
In »Sprache und Geschichte«.

Neueres.

Festgruß
der sechzehnten Versammlung deutscher A r c h i t e k -
t e n und I n g e n i e u r e dargebracht von der Stadt
K a r l s r u h e 1872.[12]

Willkommen hier, baukundige Wandergäste,
Septembersonne lacht auf Euren Pfad
Und Land wie Leute grüßen auf das beste
Der Deutschen Technik Hort und Ehrenrat.
Nicht Hamburgs Alster zwar, noch Wiens Paläste,
Bescheiden ist, was man zu zeigen hat,
Doch sonder Bangnis rüstet sich zum Feste
C a r l W i l h e l m s wohlgeplante Fächerstadt.

Sie wuchs als Kind im Hardwald, knapp gehalten,
Weinbrenner wies ihr, wie man »klassisch« baut,
»Gefrorene Musik« hieß er sein Walten,
Drum ist sie auch so lang nicht aufgetaut.
Spät erst durch Hübsch erlöst vom Bann des Alten,
Ward sie des Werts der Schönheit sich bewußt,
Nun darf ihr Fächer sich modern entfalten,
Vertraun auf gute Zukunft schwellt die Brust.

In Heidelberg umschwebt Euch ander Wesen
Wie Geisterhauch. Beredt, ehrwürdig, groß
Weiß ein Kollegium Renaissance zu lesen,
Das alte Schloß in seiner Trümmer Moos;
Doch eh' man noch am Neckar froh gewesen,
Führt Euch der Festzug zu des Schwarzwalds Schoß,
Zum Quellendampf, drin Gichtische genesen,
Zur Bäderstadt im milden Tal der Oos.

---

[12] Gedichtet im Frühjahr 1870, vor Ausbruch des Krieges mit Frankreich.

Wenn dort vor Badens Burg nach Festessitte
Ihr tafelt unter grünem Wipfeldach,
So kommt n o c h E i n e r mit bedächt'gem Schritte,
Den Berg empor. Das Richtscheit zeigt sein Fach,
Barett und Mantel sind stilvoll im Schnitte,
Verwittert und steinrötlich sein Gesicht:
Er nimmt vertrauend Platz in Eurer Mitte,
Hebt den Pokal, ergreift das Wort und spricht:

»Als ältster Baurat dieses Badischen Landes
Und Torwardein des Polytechnikums,
Doch längst bei Steinbach froh des Ruhestandes,
Begrüß ich Euch, Genossen deutschen Ruhms;
Daß dies Jahrhundert ein der Kunst verwandtes
Ist Saat und Frucht des Bauingeniums;
Ihr legt die Schienen engen Volksverbandes
Und schafft das Wohnhaus freien Bürgertums.

»Ich hab' mein Werk spitzbogig einst gewoben
Und viel mit Maß- und Stabwerk mich gepeint;
Harmonisch hat mein Langhaus sich erhoben
Und »gut in Wirkung«, wie Freund Lübke[13] meint.
Auch darf man der Fassade Reichtum loben,
Mein Rosenfenster ist nicht schlecht erdacht,
Und der durchbrochene Turmhelm stiebt nach oben
Wie ein Gedankenflug in kühner Pracht.

»Seht dort des Rheines Streif, den silberweißen,
Dort ragt, was ich ersann, verklärt und fern
Im Purpurduft des Abends, und mit leisen
Glutstrahlen küßt die Sonne seinen Kern.
Das war ein Mauern, Meißeln, Grundrißreißen,
Da Bischof Konrad mich als Hüttenherrn
Zu jenem Bau berief, da galt's, sich fleißen:
Doch Frau und Sohn und Tochter folgten gern.

---

[13] Geschichte der Architektur, III. Auflage, S. 557.

»Gott und dem Reich in freiem Steinmetzorden
Zu dienen, schien uns frommer Zunftberuf,
»»Aus rauhem Stein sind zarte Heil'ge worden««
Schrieb man zum Bildwerk, das Sabina schuf.[14] Doch
wie wir u n s e r e r Zeit gerecht geworden,
So freut Uns, was bewußt die E u r e schafft,
Nicht schickt sich Eines stets und aller Orten,
In neuer Form bewährt sich neue Kraft.

»Drum soll ein Trinkspruch kräftig hier erschallen
Zu meiner Heimat goldnem M a u e r w e i n :
»» D e m   B a u   d e r   Z u k u n f t ! « – bis die Schranken
fallen
Leg' Süd wie Nord vorplanend Ehre ein:
Zwei Preisaufgaben stell' ich heut Euch Allen
Und wer sie löst mag Baudirektor sein:
Architektur: des deutschen Reichstags Hallen,
Ingenieurs die Brücken übern Main!«

---

[14] Gracia divinae pietatis adesto Sabinae,
De petra dura per quam sum facta figura.

Spruchband an der Portalstatue des heil. Johannes.

Festlied

zur Gründungsfeier der Universität Straß-
burg 1. und 2. Mai 1872.

Heut trennt unser minniglich Sehnen
Kein deutscher, kein gallischer Rhein,
Wir ziehen gleich Lohengrins Schwänen
Maifröhlich in »Strazzeburc« ein;
Der Hochschulen jungjüngste Schwester
Sei als bräutliches Ziel uns ersehn:
Sie steht noch im ersten Semester,
Drum ist sie auch jung noch und schön.

Wo Gottfried den Tristan gesungen,
Wo Erwin sein Münster erbaut,
Wo Gutenbergs Kunst sich erschwungen,
Da ist uns der Boden vertraut.
Was sonst noch zu Argentoratum
Einst Römer – und Andre gemacht,
Dem sei als entschwundenem Fatum
Ein sühnend Glas Lethe gebracht!

»Es konnt' ja nicht immer so bleiben
hier unter dem wechselnden Mond,«
So würde Schöpflinus jetzt schreiben,
Der als Jubelgreis einst hier gewohnt;
Doch wenn unter pflegenden Händen
Die Wissenschaft stolz erst floriert,
So wird durch die deutschen Studenten
Alsatia »neu illustriert«.

Was schaust du noch trauernd nach Westen,
Elsäßischer Landsmann und Freund?
Du zählst ja schon heut zu den Besten,
Die unsre Matrikel vereint.
Bedenk, was die Reben all' wollen
Von Wolxheim hinauf bis nach Thann:

D e r Wein reift fürwahr nicht zum Schmollen,
Der reift zum Schmollieren heran!

Wir gründen ein kerngesund Wesen
Und scheiden erst, wenn uns als Trost
Das sämtliche Moos der Vogesen
Die eigenen Häupter bemoost,
Stoßt an drum: Neustraßburg soll leben,
Soll wachsen und kraftvoll gedeihn,
Als S t r a ß e für geistfrisches Streben,
Als B u r g der Weisheit am Rhein!

Festlied

zur Gründungsfeier der Universität Czernowitz. Oktober 1875.

Verwundert hebt der Pruth im Schilf
Sein Haupt, das flutumschwemmte,
Denn hoch zu Roß, im Frührotschein
Naht eine hohe Fremde:
Einst ehrten Griechenland und Rom
Die Himmlische, die Muse;
Jetzt hält sie vor des Ostens Strom
Und hebt die Hand zum Gruße!

Glückauf, mein bergschön Buchenland,
O Cäcina, wie glühst du!
Ich komme mit dem Morgenrot,
Hauptstadt am Pruth, nun blühst du!
Ich bring Euch, wie Aurora, Licht,
Denn Finsternis tut Schaden;
Ich bringe Licht und fürchte nicht
Die Wölfe der Karpathen.

Ihr sollt mit Gott- und Weltweisheit
Des Schöpfers Lob bekunden,
Als Richter üben Gerechtigkeit,
Als Aerzte heilen die Wunden:
Und jugendfrisch mit Hall und Schall
Den freien Künsten dienen,
Sangfröhlich wie die Nachtigall,
Treufleißig wie die Bienen.

Schau auf, schon zieht und braust daher,
An deinem Ufer zu wohnen,
In vollem Wichs mein flottes Heer
Mit Koller und Kanonen,
Ruthenisch, deutsch, rumänisch Blut
Vielzüngig miteinander!

Und staunend hört der Vater Pruth
Den ersten Salamander:

»Heil dir, gewaltig Oesterreich,
Heil Wissen dir, im Osten,
In Sprachen bunt, im Geiste gleich
Ziehn wir am Pruth auf Posten:
Nun blühe, jüngster Musensitz,
Francisco-Josephina!
Frau Muse lehrt in Czernowitz
Und schirmt die Bukowina!«

Würzburger Festlied

Zum dreihundertjährigen Jubiläum 2. August 1882.

Herr Julius Echter von Mespelbrunn,
Fürstbischof und Herzog in Franken,
Trank seinen Becher Leisten und sprach:
Mir kommt ein guter Gedanken:

>»Meine Würzburger Glöcklein
>Haben schönes Geläut
>Und die Würzburger Mägdlein
>Sind kreuzbrave Leut,

>»Jetzt fehlt nur noch Eines:
>Die Stadt ist zu leer,
>Ich schaff' etwas Feines:
>Eine Hochschul muß her!«

Herr Julius Echter von Mespelbrunn,
Fürstbischof und Herzog in Franken,
Sprach weiter: »Ein deutscher Mann und Christ
Denkt auch der Armen und Kranken.

>»Zwar heilt uns am besten
>Ein fröhlicher Sinn
>Und Mainwein und Steinwein
>Sind auch Medizin.

>»Doch wenn der Mensch krank ist
>Wird die Welt ihm zur Qual,
>Drum stift' ich zur Hochschul
>Das Julius-Spital.«

Herr Julius Echter von Mespelbrunn,
Fürstbischof und Herzog in Franken,

Als Domherrngeiz Nichts steuern wollt,
Tat stramm er sie verzanken:

>>Ihr wollt mich vexieren?!<<
Aus Nichts wird ja Nichts;
Tut auf Eure Truhen
Für Werke des Lichts!

>>Das Hochstift braucht Umgeld
Und viel Kapital,
Daß Schnabelweid werde
Für Schul und Spital!<<

Herr Julius Echter von Mespelbrunn,
Fürstbischof und Herzog in Franken,
Hing stolz den Rektormantel um
Mit Purpur und goldenen Ranken;

Denn er war ja selber
Wohl an die zehn Jahr
In Paris und Pavia
Ein tapfrer Scholar.

Und was so ein frommes,
Bemoostes Haupt schafft,
Das hat für die Nachwelt
Noch Segen und Kraft.

Herr Julius Echter von Mespelbrunn,
Fürstbischof und Herzog in Franken,
Seit drei Centennien reift die Frucht
Von jenem guten Gedanken.

Und die Würzburger Glöcklein
Haben schönes Geläut
Und die Würzburger Mägdlein
Sind kreuzbrave Leut.

Und die Alma Frau Julia
Kommt strahlend stolziert:
Hoch lebe ein Jeder,
Der mitjubiliert!

Jubiläum der Universität Heidelberg.

Dies ist der Tag, den der Herr gemacht hat; lasset uns freuen und fröhlich darinnen sein, O Herr, hilf! o Herr, laß wohl gelingen!

Psalm 118, V. 24 und 25.

Nun grüß dich Gott, Altheidelberg!
Laut rufen alle Glocken
Vom heil'gen Geist durch Tal und Berg
Zu jubelndem Frohlocken:
Fünfhundert Jahr – ein hohes Wort,
Doch lang noch nicht das hehrste;
Bist du nur glückhaft tausend fort,
Dann kommt das tausend erste.

Ein Segen ist's der Wissenschaft,
Stets Neues zu gestalten
Und gleich des Frühlings Zauberkraft
Lichtspendend nie zu alten.
Wer sich in solchem Jungbrunn feit,
Fühlt jung sein Herzblut kreisen,
So lang ums Schloß im Maienkleid
Die Wälder Knospen weisen.

Dem Kurfürst Ruprecht ward der Ruhm,
In rauher Zeit der Waffen
Hier ein geweihtes Heiligtum
Des Studiums zu schaffen.
Und treulich half ein frommer Mann
Das Bildungswerk vollbringen,
Den Er sich in Paris gewann:
Marsilius ab Inghen.

Wer nennt sie All von Nah und Fern
In Kutten und Talaren
Die hier intitulierten Herrn

Magister und Scholaren?
Wetteifernd wie um Pfingstenzeit
Sich Blüte drängt an Blüte,
Tat jeder seine Schuldigkeit,
Doch in verschiedner Güte.

Scholastiker und Humanist,
Schiffhut, Barett, Perücken
Erprobten Kunst, Talent und List
In wechselnden Geschicken:
Gottlob, daß starrer Zunftverstand
Nie Zeit fand, lang zu schaden.
Und neu als Stifter auferstand
Karl Friederich von Baden.

Des Ahnherrn weise Milde hat
Sein Enkel treu bewähret,
Den froh als höchsten Rektor Stadt
Wie hohe Schule ehret.
Ruperto-Karolina will
Beschirmt durch F r i e d r i c h strahlen:
Ob Ihr und Ihm schwebt hoch und still
Der Stern des Idealen.

Und jubelnd dürfen Alt wie Jung
Spät nach vielhundert Jahren
In heiliger Begeisterung
Wiedrum des Weges fahren:
Der Geist ist's, der das Rechte weist,
Der Wahrheit schafft und Leben,
Der starke, freie, deutsche Geist,
Der uns das Reich gegeben!

Heil allen, die im Wissensschacht
Nicht Müh' noch Arbeit scheuten,
Die manche Nacht durchdacht, durchwacht
Und sich der Jugend freuten.
Und Heil der Stadt, wo Schöpfungspracht
Mit Weisheit im Vereine:

Ein brausend Hoch sei Dir gebracht,
Altheidelberg, Du Feine!

Aus dem Weiteren.

Ausfahrt.

Berggipfel erglühen,
Waldwipfel erblühen
Vom Lenzhauch geschwellt!
Zugvogel mit Singen
Erhebt seine Schwingen,
Ich fahr' in die Welt,

Mir ist zum Geleite
In lichtgoldnem Kleide
Frau Sonne bestellt;
Sie wirft meinen Schatten
Auf blumige Matten,
Ich fahr' in die Welt.

Mein Hutschmuck die Rose,
Mein Lager im Mose,
Der Himmel mein Zelt:
Mag lauern und trauern,
Wer will, hinter Mauern,
Ich fahr' in die Welt!

Alpenstraße.

Engiadina, terra fina
Se non fosse la pruina.

Alter Spruch.

Wie schnaubt der Ostwind rauh mich an.
Wie pfeift's in allen Schluchten,
Als ob mich sündenleichten Mann
Vieltausend Teufel suchten!
Oymê! an welch ein End der Welt
Bin ich allhie geraten:
Auf Welschland ist mein Sinn gestellt
Und muß im Eise baden.

Am Lärchenwald erschimmert's weiß
Von Riffen, Jacken, Schrunden...
Ein Wall von Schutt, ein Strom von Eis
Hat sich zu Tal gewunden,
In dämmernder Schneekönigspracht,
Auf finstrem Wolkensitze
Reckt Piz Bernina durch die Nacht
Die demantblanke Spitze.

Sein Nebel deckt des Passes Höh'.
Durchblasen und durchfroren
Schwank ich umher am schwarzen See
Und hab' den Pfad verloren ...
Wär' nicht ein Trost im Tal Valtlin,
Genannt der Valtelliner,
Ich fluchte auf das Engadin
Und auf die Engadiner.

Runglstein bei Botzen

(1855.)

Noch heute freut's mich, o Runglstein
Daß einstmals zu guter Stunden,
In der Talfer felsenges Tal hinein
Zu dir den Weg ich gefunden.

Melodisch scholl aus der Tiefe empor
Des Wildbachs entströmendes Tosen,
Am Burgpfad erblühten in lustigem Chor
Glutnelken und wilde Rosen.

Des Runglsteins verfallen Gebäu
Weiß nichts von Grämen und Trauern,
Der Geist der Dichtung, fröhlich und frei,
Nistet in seinen Mauern.

Herr K o n r a t   V i n t l e r einst oben saß,
Des Kurzweil war allerwegen
Beim Klang der Laute und Stengelglas
Der freien Künste zu pflegen.

Längst war des Minnelieds Glanz vorbei
Und anderes wollt' sich gestalten,
Drum dacht' er, ein künstlerisch Konterfey
Entschwundener Pracht zu behalten.

* * *

Viel sinnige Männer malten ihm gern
Die Helden der altdeutschen Lieder;
Noch schauen Herr Hagen und Dietrich von Bern
Vom Söller zum Burghof hernieder.

Und Grau in Grau – dort den Saal entlang,
Wer deutet die Gruppen, die holden?

's ist Gottfrieds von Straßburg minniger Sang
Von Tristan und Isolden.

             * * *

Tristan und Isolde auf weitem Meer –
Isolde und Tristan im Walde –
Brangäne lächelt – betrüblich sehr
Steht König Marke der Alte...

Noch heute freut's mich, o Runglstein,
Daß einstmals zu guter Stunden,
In der Talfer felsenges Tal hinein
Zu dir den Weg ich gefunden.

A n m e r k u n g . Vergl. Freskenzyklus des Schlosses R u n k e l -
s t e i n bei Bozen, gezeichnet und lithographiert von I g n a z S e e -
l o s , erklärt von J . V . Z i n g e r l e . Innsbruck 1857.

Die Bluemen der Tugent des H a n s V i n t l e r , herausgegeben
von I g n a z V . Z i n g e r l e . Innsbruck 1874.

Durch der Fenster farbige Scheiben entsandt'
Die Sonne ihr Gold vor dem Scheiden;
Es umflammte die Schildereien der Wand
Wie ein Gruß vergehender Zeiten.

Im Rittersaale am hohen Kamin
Saß lang ich, in Sinnen versunken,
Und habe im feurigen Wein von Tramin
Des Vintlers Gedächtnis getrunken.

Wer immer ins sonnige Etschland fährt,
Halt Einkehr in diesen Räumen,
Und ist ihm eine Isolde beschert,
Mag er von ihr hier träumen.

Abschied von Olevano.

Trauernd tief stand Sir Juseppe
In dem Saal der Casa Baldi,
Wohl war keiner je so traurig.
Traurig packt er seine Koffer,
Packt die Studien in die Mappen,
Zahlt die lange Wirtshausrechnung,
Zahlt den Schwarm der Ragazzini,
Buben, Träger, Maultiertreiber,
Zahlt acht Paul auch für den Schuster,
Jenen gottverfluchten Zögling
Macchiavellis, der die Stiefel
So heimtückisch weiß zu sohlen,
Daß nach vier und zwanzig Stunden
Sie von neuem ruiniert sind.

Leer war Portemonnaie und Börse,
Auch in seinem Skizzenbuch lag
Kein Papiergeld mehr verborgen,
Und die Westentasch', wo fröhlich
Der Bajokk' sonst vorgeklimpert,
Klang jetzt hohl – doch war's nicht dieses,
Was ihm seine Stirne furchte.
Nein, die Stunde war gekommen,
Wo der Mensch zur Abfahrt rüstet,
Wo selbst rauhgebeizte Maler
Dem Novemberwind sich beugen
Und gen Genazzano schreiben,
Daß der schnöde Raganelli
Sie nach R o m zurückbefördre.

Abschied – Abschied! bittre Stunde!
Darum brannt' er sich wehmütig
Einen Scelto an und dampfend,
Während schwerer Sturm und Regen
An die mürben Fenster prasselt,
Sprach er solches:

»Wohl in manche gute Herberg'
Kam ich schon auf meinen Fahrten,
Hab' an manchem guten Tropfen
Da und dort schon mich geletzet,
Stahl mir auch von schönem Mund schon
Manchen Kuß als Gotteslohn.
Aber nirgend war's so wohl, so
Waldursprünglich grundbehaglich
Wie allhier in Casa Baldi
Ob der Stadt Olevano.

Hochgesegnet sei der Biedre,
Der auf steilen Sandsteinhügel
Hier sich einst die Villa baute,
Wo der Kardinal Borghese
In dem samtgeschmückten Armstuhl
Einstmals seines Rundbauchs pflegte
Und – zwar schweiget die Geschichte,
Doch dem Dichter ziemt Vermutung –
Die schwarzbraunen Römerdamen,
Deren Contrafei noch jetzo
Im Salon so herrlich pranget,
Kirchenväterlich und würdig
In die Wangen einstens kniff.

Hochgesegnet sei der andre,
Der die wirkliche Bestimmung
Dieser Villa tief erfühlend,
Strengerem Privatbesitze
Sie entzog und menschenfreundlich
Sie zur Malerherberg' umschuf.
Denn nur Maler und wem sonst noch
Künstlerische Adern pulsen,
Wissen ihren Wert zu schätzen,
Mehr als Scipio Borghese,
Kardinal und Arciprete.

Hier im Zentrum der Gebirge
Lauschet Tag für Tag dem stillen

Ewig jungen Herzensschlage
Der Natur der Eingeweihte,
Und es kreisen die Gedanken,
Wie die Geier bei S a n S i s t o ,
In des Aethers reinen Höhen.
Unter uns, in fernem Nebel,
Liegt der ganze Menschenkehricht,
Und aus Fels, aus Baum, aus Fern
Lesen wir die alte Keilschrift,
Die der Haufe nie verstehn mag,
Das Gesetz des ewig Schönen.

Wannen werd' ich diese Pfade
Wieder klimmen, wo aus grünen
Schattigen Kastanienwäldern
Der S e r r o n e stolz emporsteigt;
Wo auf altkyklopischer Mauer
Jetzt die Sau von C i v i t e l l a
Grunzend ihre Eicheln frißt,
Und die Hüterin der Schweine,
Die blauäugige Salomea,
Fruchtlos den Bajokko bettelt?
Wannen werd' ich bei den alten
Eichen in der S e r p e n t a r a
Wieder Mittagmahlzeit halten,
Wo gelockt vom Duft der Schüsseln
Züngelnd uns die Schlange naht?
Wannen endlich – denn dem Schönen
Eng verbunden ist das Gute –
Werd' ich wieder hier am Tische
Solche Makkaroni kosten?
Solche Hühner – solche Tauben?
Solche Fritti – solche Trauben?
Und dazu auf Diskretion das
Indiskrete Quantum tilgen
Dieses rot samnitischen Landweins?
Nimmer wahrlich soll verstummen
Der Gesang des Danks und Preises,
Und wenn der Serrone selber

Ganz mit Lorbeer wär' bewachsen;
Nicht genügts, den Kranz zu flechten,
Der der Schöpferin des Guten,
Der der Schaffnerin der Küche,
Der der würdigen R e g i n a
Um das Haupt zu winden wäre.
Wenn wir jetzt schon solches denken,
Wie wird erst zu Rom im Lepre
Und im schäbigen Fiano,
Wenn der magre Tag beginnet,
Die Erinnrung sich vergrößern?
Unerreichbar, duftig, glanzreich,
Stillverklärt wie erste Liebe,
Fern wie alte Heldensage
Wird der Mythus von Reginas
Feiner Küche vor uns stehn:
Von den Fritti – von den Trauben –
Von den Hühnern – von den Tauben
Einstmals in Olevano.
O Regina, stolzes, dunkles
Kleinod der Sabinerberge,
Warum lebten wir nicht beide
In der Zeit des Frauenraubens
Unter König Romulus?

Bei dem Lob der kunstverständigen
Meisterin sei nicht vergessen
S i e , die in bescheidner Sphäre
Reinlich kaum, doch nützlich wirket,
S i e , der nächtlich der Capraro
Scheußlich monotone Weisen
An das Kammerfenster krächzt,
Die dem fremden Gast so gern ihr
Unerhörtes, sprachgewalt'ges
'rella mi![15] ... entgegenjohlt.
Geltru – Geltru! nimmer wird zwar
Dieser Sang dein Ohr berücken,

---

[15] Poverella me! O ich Arme! scherzhaft wehklagend.

Wie die Lieder des Capraro,
Dennoch ruft er dir: »Addio,
Ziegenhirtlich rauh geliebte,
Ritornellbesungne, kluge
Walterin des Hofs und Stalles,
Braune Tochter Samniums!
Oft noch wecke dich im Schlafe
Deines Landsmanns Klaggeheul:
»Avete l'occhio nero e il ciglio biondo,
Denti d'avojo e labbra di corallo,
Siete la maraviglia del mondo.«

... Selbst das Kind, die pockennarbige
Lala mit der rauhen Stimme,
Die so ganz unsalonmäßig
Sich uns oft entgegen tummelt,
Hat auf einen Platz in unserm
Herzen einen vollen Anspruch.
Denn sie trug so manchen großen
Ungemischten Krug vom Keller
Und sie lachte mit dem ganzen
Elfenbein der weißen Zähne:
»Trinkaswein alla tedesca!«

Wannen endlich werd' ich wieder
Solch ein Häuflein treuer, biedrer
Farbenkundiger deutscher Meister,
Wie allhier, beisammen finden?
Deutschen Fleiß und deutsches Streben,
Deutsche Kunst im welschen Bergland!
Manchen seh' ich, der die Träne
Einst im Aug' zerdrücken wird.
Wenn er, rostend in der Heimat,
Seine Mappen wieder öffnet
Und die Bilder dieses Herbstes
Farbreich vor ihm auferstehn:
Der M a m e l l e n feine Ründung,
C i v i t e l l a s Kalkfelskämme,

San Francescos Klostertälchen;
Pagliano, Volskerberge,
Die Kastanien von Rojate
Und der Serpentara kühne,
Immergrüne Eichwaldpracht!

...Lebt nun wohl! Die Zithern schweigen.
Nimmer lockt des Tamburin Schlag
Uns zum kecken Saltarello;
Einmal nur wird unser Lied noch
Im Olivenhain erklingen.
Aber klagend, denn der Text heißt:
»Muß i denn zum Städtle naus?«
Und dieweil ein deutsch Gemüte
Innersten Gedankens Ausdruck
Gern im Weine sucht und findet,
Füll' ich mir zum letztenmal das
Glas mit diesem dunkelroten:
» Dir gilt's, Hochland der Sabiner!
Dir gilt's, wackere Regina,
Dir, Bergnest Olevano!««

Also klagte Sir Juseppe
In dem Saal der Casa Baldi,
Kummer furchte seine Stirne,
Keinen Tropfen trank er weiter,
Und als Denkmal schweren Abschieds
Schrieb er's in das Hausbuch ein.

Der Hut im Meere.

Das Sorrentiner Marktschiff trug
Orangen über Meer
Und flog mit leichtem Möwenflug,
Als wenn's ein Dampfer wär'.
Viel Volk fuhr mit; die Luft war lind
Und alles frohgemut,
Dann blies von Capri starker Wind –
– Fahr wohl, mein grauer Hut!

Bis eingerefft das Segel war
Lag Kiel und Mastbaum schief,
Der Bootsmann schalt, der Weiber Schar
Zum Sant Antonio rief.
Noch einmal mir der Freund erschien
Im Kampf mit Schaum und Flut,
Dann trieb's ihn gen Pompeji hin
– Fahr wohl, mein grauer Hut!

Er füllte sich, schlug um und sank
Salzschwer hinab zum Grund;
Nun tut ihm die Korallenbank
Der Tiefen Wunder kund,
Asträen nisten um ihn her
Und Madreporenbrut,
Und der Polypen scheußlich Heer
– Fahr wohl, mein grauer Hut!«

Hoch am Vesuviusgipfel stand
Ein Wölklein licht gekraust,
Als ich den letzten Gruß ihm sandt',
Das Haar vom Wind zerzaust:
»Sohn Irions[16] ... im Auge quillt's ...
Du warst mir weich und gut,

---

[16] Irion, Hutmacher zu Heidelberg, Untergasse Nr. 28.

Einst Filz und jetzt Salzwasserpilz
– Fahr wohl, mein grauer Hut!«

... Graziella fuhr im Schiff wie ich,
Mein Unglück nahm sie wahr
Und bot als Schutz vor Sonnenstich
Ihr Busenfürtuch dar.
Und als mein Haupt, derweil sie's knüpft,
In ihrem Schoß geruht,
hat mir das Herz vor Freud' gehüpft
... Fahr wohl, mein grauer Hut!

Der Delphin.

Cap Campanella war umschifft
Und nach Salerno ging's,
Amalfis Küste, steilumrifft
Stand hoch und duftig links,
Die Barkenführer, kurzbehost
Und halbnackt, scherzten roh
Und sangen als Matrosentrost :
    »'Sta sera Makkaró!«[17]

Im Salzhauch badend Haupt und Brust,
Die Seele ätherklar,
Genossen wir der Meerfahrt Lust
Ein Pästumpilgernd Paar,
Wir grüßten Flut und Abendrot
In lautem Jubilo
Und grüßten auch das Abendbrot:
    »'Sta sera Makkaró!«

Wie bei Arions Zitherspiel
Versammelte sich bald
Ein Schwärm Delphine um den Kiel,
Spitzköpfiger Gestalt.
Hei wunderseltsam Meergeleit!
Sie purzelbaumten froh,
Als kennten sie des Spruchs Bedeut:
    »'Sta sera Makkaró!«

Vor allen einer aus der Zahl
Schien sanft auf uns erpicht
Und schnaubte seinen Wasserstrahl
Dem Bootsmann ins Gesicht,
Doch der verstand die Freundschaft schief,
Griff's Ruder ... he, hoihoi!!..

---

[17] Questa Sera maccaroni! Heute abend gibt´s Makkaroni! ein elektrisch die ermüdeten Kräfte anspornender, moralisch nachhaltiger Selbstzuspruch neapolitanischer Seeleute.

Und schlug's ihm um den Kopf und rief:
　　»'Sta sera Makkaró!«

Spät sah das Boot Salernos Strand,
Fein war die Trattorie,
Ein Berg von Makkaroni stand
Vor uns, schneeweiß wie nie.
Nie Schiffer lobten Schmaus und Wirt,
Wir Pilger ebenso..
Nur der Delphinus war blamiert..
　　»'Sta sera Makkaró!«

Doch als das Meer phosphorisch schien
In mitternächtigem Schein,
Da war's, als schau' uns der Delphin
Vom Golf zum Fenster 'rein,
Giftstachlig saugten unser Blut
Mordschnake, Wanz' und Floh ...
Er aber lacht' aus kühler Flut:
　　»'Sta sera Makkaró!«

Dem Tode nah.

(Bei Bordighera am Mittelmeer, Riviera di Ponente.)

Zwölf Palmen ragten am Meeresstrand
Um eine alte Zisterne;
Der Wagen knarrte im Usersand,
Die Sonne versank in der Ferne.

Still einsam war's. Die Flut begann
Sich im Abendpurpur zu färben,
Da rannte der Tod mich plötzlich an,
Daß ich vermeinte zu sterben.

Der Herzschlag stockte, es stockte das Blut,
Die Glieder wollten ermatten,
Die Freunde trugen mit trübem Mut
hinab mich in kühlenden Schatten.

Da sprach ich ruhig: »O laßt mich hier,
Will nichts von der Heimfahrt mehr wissen;
Sie fragten dort drüben noch nie nach mir,
Können auch meine Asche vermissen.

»Hier umglänzt mich die alte blaugoldne Pracht,
Die der Jugend Leid mir versüßte,
Hier murmelt das Meer so träumerisch sacht,
Als ob Sorrento mich grüßte.

Hier umstehn, eine alt befreundete Schar,
Mein Schmerzenslager die Palmen,
Im Fächerdach rauscht's voll und klar
Wie tröstende Sterbepsalmen.

Hier fand ich Schönheit und Liebe und Glück
Fern allen Toren und Laffen;

Gern kehrt die Seele von hier zurück
Zu dem, der das Schöne geschaffen.«

Der Tod aber rief von der Straße her:
»Gemach, das hat keine Eile!
Noch immer magst du im Lebensmeer
Abzappeln dich eine Weile.

Kein übler Geschmack: so am Palmenstrand
Ein Grab in italischer Erden!
Du mußt, o Freund, erst im deutschen Land
Lebendig zur Mumie werden!«

Die Heimkehr.

Der Pfarrei von Assmannshausen sprach:
»Die Welt steckt tief in Sünden,
Doch wo der Meister Josephus steckt,
Weiß keiner mir zu künden.«

Und als man rüstet auf Weihnachtszeit,
Da war der Rhein gefroren,
Da stund ein Mann in Pilgramskleid
Wohl vor des Pfarrhofs Toren:

»Herr Pfarr', Ihr sollt mir Indulgenz
Und sollt mir Ablaß spenden,
Daß sich mein arm trübtraurig Herz
Zu neuer Freud' mag wenden.

Herr Pfarr', es war nicht wohlgetan,
Vom rheinischen Land zu scheiden,
Man trifft halt doch kein zweites an,
So weit man auch mag reiten.

Bis hundert Stunden hinter Lyon
Bin ich ins Frankreich kommen,
Manch gutes Frühstück von Austern und Sekt
Hab' ich zu mir genommen.

Ich hab' zu Marseille im Café Türk
Unter Heiden und Mohren gesessen,
Ich hab' am Pyrenäengebirg
Lauch und Garbanzos gegessen.

Noch saust der Kopf mir, wenn ich gedenk
Der Seealpenmaid Filumene:
Zigeunerbraun Antlitz, kohlschwarzkraus Haar,
Wie Elfenbein glänzend die Zähne.

Doch verpecht und verschwefelt ist alles Land
Ohne Freunde und Lieder der Liebe;
Vom Fieber geschüttelt und abgebrannt
Kehr ich heim aus dem fremden Getriebe.«

Der Pfarr' von Assmannshausen sprach:
»Wohlauf, bußfertige Seele,
Mit unserm altheiligen Purpurwein
Salbe Dir Lippen und Kehle.

Zu demselbigen Wein drei Tag, drei Nacht
In dunkelen Keller dich schließe
Und halt bei den Fässern trinkend Wacht,
Daß Gnade sich über dich gieße.

In Krone und Anker ergib Dich sodann
Den geistlichen Uebungen fleißig,
Und erst bei des nächtlichen Wächters Nahn
Dem Chorgesange entreiß Dich.

Dann wird der Himmel ein Zeichen tun,
Er läßt keinen Büßer verderben:
Ein lichtes Weingrün, ein dunkles Rot
Wird Nase und Stirn dir färben.

Und prangt Dein Gesicht in solchem Ton,
Dann wird Dein Trübsinn sich hellen,
Dann magst Du, o lang verlorener Sohn,
Den alten Freunden Dich stellen.

Wir sind die Alten, noch klingen beim Wein
Die Lieder von damals zu Berge,
Vom »Spatzen« und vom »Stieglitz fein«
Und der »sommerverkündenden Lerche«.

Wir sind die Alten, wir haben Dich gern;
Laß das Herz nicht von Kummer umnachten:
Und hätt'st Du noch ärger geschwärmt in der Fern',
Ein Kalb auch würden wir schlachten.«

Da seufzte der Pilgram mit Tränen im Aug':
»O Pfarr' von Assmannshausen,
Wie Ihr, gottwohlgefälliger Mann,
Sprach keiner mit mir da draußen.

Nun stoß' ich meinen dürren Stab
In diese geweihte Erde,
Daß er in neuem Blatt und Laub
Ein Schattendach mir werde.

Nun ströme, du rheinisch Traubenblut,
Du Hort unsäglicher Gnaden;
In deiner verjüngenden Feuerflut
Will ich gesund mich baden.«

Graziella.

Leis im feuchten Tau der Nacht
Kam der Lenz geschlichen,
Wo er schritt, ist Grün erwacht
Und das Eis gewichen.

Knaben jubeln durchs Gefild,
Lassen Drachen fliegen,
Die sich gaukelnd, windumspielt
In den Lüften wiegen.

Ewig neut den Stoff Natur,
Neuert auch die Drachen:
Aus Kanzleimakulatur
Pflegt man sie zu machen.

Und mit leichter Schnur gebeut
Ein Kind den Fabeltieren:
Einst Scheusale, sind sie heut
harmlos und papieren.

– Wie ich hoch am Kirchenturm
Jene Drachen schaue,
Fliegt mein Denken wie im Sturm
Fern nach andrem Gaue.

Gleiches Spiel gilt bei Sorrent,
D r a c h ' heißt dort, » C o m e t a «,
An Graziellas Arm gelehnt
Sah ich's oft in Meta.

Selig wie im Paradies
Spähten wir nach Napel,
Nikola der Bruder ließ
Den Komet vom Stapel.

Kern und Schweif erglänzt' im Schein
Untergeh'nder Sonne:
Küste, Golf, Orangenhain,
Alles schwamm in Wonne!

– O Graziella! goldne Zeit,
Da Geist und Herz noch sprühte:
Oft hat mir's auf das Haupt geschneit,
Seit jener Lenz verblühte.

Und darf ich einst vor deinem Dach
Spät wiedrum Anker legen:
Fliegst du wohl selbst als alter Drach'
Dem deutschen Freund entgegen.

Der Grindwalfang an den Färöerinseln.

Was rennt das Volk an Torhav'ns Strand,
Als drohten Korsaren mit Einbruch dem Land,
Was schwingt es Spieße und Stangen?
Die Färinger heben ein Kampfspiel heut an,
Heut füllen mit Speck sich die Tonnen und Tran,
Den Grindwal wollen sie fangen.

Fern tanzt ein Boot auf der bläulichen Flut,
Laut schallt sein Signalruf: »Grindabud!«
»Der schwarze Wal kommt gezogen!«
Und »Grindabud« ruft es aus jeglichem Mund,
Hinaus itzt in sonnheller Morgenstund'
Zur Hetzjagd auf schäumenden Wogen!

Von Küste zu Küste fliegt hurtig die Mär,
Des Nachbardorfs Segel erglänzen im Meer,
Rings steigen die Feuersäulen:
»Schafft Walfischmesser, schafft Schnüre mit Blei,
Schafft Lanze und Axt und Harpune herbei,
Frisch zu! heut gilt kein Verweilen.«

Und Alt und Jung kommt gerüstet zum Streit,
Selbst der dicke Amtmann macht sich bereit
Und verläßt seine friedlichen Tische.
Nur die Frau'n und der Prediger bleiben zu Haus,
Man fürchtet, es breche schlimm Wetter sonst aus
Und ihr Nahen verscheuche die Fische.

Nach wenig Minuten, bewehrt und bemannt,
Stößt ein Dutzend Boote vorn felsigen Strand
Und schießt pfeilschnell durchs Gewässer.
Scharf pfeift der Nordost ... wer macht sich was draus?
In die Hände geblasen! die Jacken aus!
Hemdärmelig rudert sich besser.

Jetzt leis! kein Geräusch!.. und schwatzt mir nicht viel!
Dort schwimmen die Wale, wir sind am Ziel:
Seht Ihr den schwarzdunkelnden Streifen?
Plumpriesige Häupter tauchen hervor,
Wie Springbrunnen blasen sie Strahlen empor
Und schnauben wie Orgelpfeifen.

Schnell hat sich im Halbrund geordnet der Kreis
Umzingelnder Boote ... sie treiben leis
Zum Hafen die arglosen Scharen,
Eine zwiefache Flotte; wer malt mir das Bild:
Die winzigen Treiber, das riesige Wild,
Nicht ahnend die Todesgefahren!

Der Grindewal, vom Geschlecht des Delphins,
Auch Butzkopf geheißen, ist sänftlichen Sinns,
Kein Raubtier, nur ungebärdig.
Dem Menschen gefällig, treibt oft er vom Meer
Die Heringschwärme zum Lande her,
Des Ueberfalls nicht gewärtig.

Gutmütiger Sild-Reki![18] in nächster Frist
Erprobst du, was Dank bei den Nordmännern ist!
Die Reihen schließen sich enger ...
Erreicht ist der Hafen ... sie schwimmen hinein,
Mit Steinwurf und Ruderschlag hinterdrein
Die Boote ihrer Bedränger.

Jetzt halten die Grinden und wollen zurück ..
In Gram vor dem kommenden Augenblick
Hält auch die hetzende Meute ...
Dann dumpfer Schrei: »Vorwärts! Fâll! Fâll!«
Vom Muschelhorn tönt Angriffsignal,
Das Eisen ereilt seine Beute.

Scharf saust die Harpune! ... noch eine! ... glückauf,
Gedoppelter Blutstrahl steigt senkrecht herauf,

Wild taucht der Getroffne zu Grunde.
Jetzt windet die Leine und rudert zum Land!
Haleya! wie rennen sie fest sich am Sand,
Wie klafft vom Speerwurf die Wunde!

Verraten mühn sich in seichter Bucht
Die riesigen Tiere. Unmöglich die Flucht,
Gestrandet sind all und gefangen.
Boot drängt sich auf Boot in kampfgieriger Eil',
Die Lanze schwirrt, dumpf hallt das Beil,
Rot schäumt's um die Ruderstangen.

Schon färbt sich Torhav'ns durchsichtige Flut
Tief dunkelrot von der Opfer Blut,
Des Mitleids ist heute vergessen.
Blind dringen all auf den Haufen ein
Und stechen und hauen und toben und schrein,
Vom Dämon des Mordens besessen.

Schlachtarbeit links, Schichtarbeit rechts!
Ein jeder in steigender Wut des Gefechts
Wird kühner und unbekümmert
Ob zuckend in eisenverschluckender Not
Der Wal das kecklich ihm nahende Boot
Mit wuchtigem Schwanzschlag zertrümmert.

Was tut's! Sie springen bis unter den Arm,
In die Flut und mitten hinein in den Schwarm,
Den Sterbenden weiter zu hetzen.
Schon taumelt er matter im Kreise umher,
Die Augen geblendet vom bluttrüben Meer,
..Sein Speck muß das Fahrzeug ersetzen.

Und fruchtlos schnaubt im Verenden der Wal
Als blutigen Regen des Naslochs Strahl
Dem Feind auf Gesicht und Gewandung.
Sie hauen ihm eiserne Haken ins Maul
Und festigen dran der Stricke Knaul
Und schleifen ihn fest durch die Brandung.

Wer aber schwimmt jammernd dort drüben zum Land
Und hält das geschwollene Haupt mit der Hand
Und beginnt betrüblich zu klagen?
He, Grindwal! was hat dir der Amtmann getan,
Daß den dicken, den tapfern, rechtskundigen Mann
Dein Schwanz so unsanft geschlagen?

Noch eine Stunde – und Stille ruht
Ob Schiffen und Strand und geröteter Flut
Die Wasserschlacht ist zu Ende.
Erschlagener Achtzig decken den Sand,
Die Sieger reihen sie nebeneinand
Und waschen die blutigen Hände.

Dann kommt der Taxator und schätzt und schaut
Und schneidet die Zahl des Gewichts in die Haut
Und bemißt als Gesetzeshüter
Des Königs Zehnten, der Kirche Zins
Und einem jeden den Teil des Gewinns
Nach Größe und Maß seiner Güter.

Dem Kampf ward sein Lohn und wir können nach
Haus,
Drum schneidet Leber und Herz gleich aus,
Die geben die leckersten Bissen.
Doch du, Christine, bekommst davon nichts;
Durchdringt dir das Walfett die Haut des Gesichts,
Will niemand vom Küssen mehr wissen.

Der Aggstein.

..das purcstal hat angvangen tze pawen her
Jörig der Schrekk von Wald, des nechsten mantag
nach unser Fraun tag nativitatis, da von Crist
gepurd warn ergangen MCCXXVIII

Inschriftafel am dritten Tor der Burg.

Nun die ersten Lerchen stiegen
Und der Himmel freundlich lacht,
Hab' auch ich zu neuem Fliegen
Wanderfroh mich aufgemacht.
Dir gilt's heut, Kuenringer Veste,
Aggstein, wetterbraun und rot,
Der gleich einem Geierneste
Auf die Wachau niederdroht.

Leicht ist Einlaß zu gewinnen,
Kein Gewaffen sperrt den Pfad
Und kein Hornstoß von den Zinnen
Meldet, daß ein Wandrer naht.
Linder Frühlingsluft erschlossen
Stehn des Burgstalls Trümmerreihn
Und Jerg Schreckenwalds Genossen
Reiten nicht mehr aus und ein.

Hoch im Innern schlüpft ein Pförtlein
Auf den freien Fels hinaus
Und ein schaurig schmales Oertlein
Ueberrascht mit starrem Graus.
Rosengarten ist's geheißen,
Doch vieldeutig klingt das Wort,
Nur die dornig wilden weißen
Todesrosen blühen dort.

Mancher stand hinausgestoßen
Auf der Klippe steilen Rand,

Bis ihn Sturm und Wettertosen
Und der Hunger übermannt;
Mancher, seine Qual zu kürzen,
Zog den Sprung zur Tiefe vor,
Wo zerschellt in jähem Stürzen
Bald sich sein Gebein verlor.

... Schwer empört schau ich das wilde
Denkmal wilder Menschenart ..
Sieh – da winkt versöhnlich milde
Auch ein Gruß der Gegenwart:
Schwindlig ob des Abgrunds Schauer
Ragt des höchsten Giebels Zack,
Und am höchsten Saum der Mauer
Prangt der Name –

???Kiselak.

Der Wasgenstein.

Interea vir magnanimus de flumine pergens
Venerat in saltum, iam tum Vosagum vocitatum.
Nam nemus est ingens, spatiosum, lustra ferarum
Plurima habens, suetum canibus resonare tubisque
Sunt in secessu bini montesque propinqui
Inter quos, licet angustum, specus exstat amoenum
Non tellure cava factum sed vertice rupum;
Apta quidem statio latronibus illa cruentis.
Angulus hic virides ac vescas gesserat herbas.
Hunc mox ut vidit juvenis »huc« inquit »eamus«
»His juvat in castris fessum componere corpus.«

Waltharius 489 und ff.

Wer kennt im deutschen Grenzbezirke
Des Weidmanns Lust, den Wasgauwald,
Der einst den Völkern im Gebirge
Gleich einer Gottheit heilig galt?
Hei Jagdhornruf und Hundebellen!
Wie zog's mit Hall und Schall zur Pirsch,
Als noch an kressereichen Quellen
Sich stolz geäst der Edelhirsch.

Wo sind die Jäger, die einst lachten,
Wenn jener stritt im Brautturnier,
Daß die Gehörne weithin krachten?
... Still geht der Lenz heut durchs Revier ..
Ein Pfad biegt von des Maimont Gipfeln
In ein elsassisch Waldtal ein,
Und braunrot starrt aus grünen Wipfeln
Der Doppelklotz des W a s g e n s t e i n .

Wie ein vermoostes Waldgeheimnis
Ruht das geborstne Riesenhaus
In Schutt und schweigender Verträumnis
Von dunkler Vorzeit Rätseln aus.

Wer schuf den Plan zu solchem Werke?
Wer drang zuerst am Fels empor?
... Erdmänner höhlten ihn und Zwerge,
Giganten türmten Turm und Tor.

An diesen senkrecht steilen Rändern
Braucht's sichern Tritt und mannlich Herz.
Weh allen Krinolingewändern!..
Der Blick verstürzt sich abgrundwärts.
Gäh schwebt der Aufstieg und verwittert,
Und schwer ist's, am Geländer gehn;
Wer keuchend in den Knien zittert,
Tut besser, es gemalt zu sehn.

Auf fünfzig mürben Sandsteinstufen
Erklommen wir den Gipfel stramm
Und grüßten laut mit Willkommrufen
Des Himmels Blau vom schmalen Kamm.
Hocheinsam war's. Die wilde Taube
Entfloh dem Nest, vom Gruß verscheucht,
Licht schien der Frühling rings im Laube
Und seine Nebel wallten feucht.

Seltsam Gefühl auf solchem Riffe
Von freiem Schweben ob der Kluft,
Als wandle sich die Burg zum Schiffe
Und treibe schwankend durch die Luft:
Als Mast der Turm mit hohen Rüstern,
Als Deck des Felskamms schmaler Horst,
Als Wellenschlag des Hochwalds Flüstern,
Als Meer der weite grüne Forst.

                    * * *

Wen echter Schwindel so bezwungen,
Dem fällt betäubt nichts andres ein,
Als Meister Gottfried[19] schon gesungen:

---

[19] Tristan und Isolt, 17399

»Sie slîchen wieder in ihr stein.«
Da wölbt, cyklopisch anzuschauen,
Als Kammer sich ein schmal Gemach;
Ein einziger Pfeiler, grob behauen,
Trägt wuchtig alles Felsendach.

Hier in den langverlassnen Mauern,
Die Moder weißlich überflog,
War's, daß der Urzeit heilig Schauern

Noch einmal durch die Trümmer zog.
Ein Gang fuhr auf: – in fernen Tiefen
Erschienen D r e i von Reckenart,
Die einen Heldenbergschlaf schliefen,
Dieweil den Tisch durchwuchs ihr Bart.

Der Leib wies Narben eingerissen,
Der Becher tausendjähr'gen Wein,
D e m waren Stirn und Aug' zerschlissen,
D e m fehlt' die Rechte – d e m ein Bein.
Krugtragend in der Schläfer Kreise
Stund eine Jungfrau groß und schlank,
Als ob sie in Walkürenweise
Erst jüngst gebracht den Labetrank,

Und im Gewölb erscholl mit Dröhnen
Ein Lied von fremd ureignem Klang,
Das einer in gewaltigen Tönen
Altfränkisch zu der Harfe sang:
Wie Held Waltari mit Hiltgunden
Aus Heunenland zum Rhein entritt
Und mit den Besten der Burgunden
Am Wasgenstein den Zwölfkampf stritt.

Dann war's, als ob die Saiten schrillten:
»Wann kommt die Zeit? wann bricht der Traum?
Wann greift ihr wieder nach den Schilden?
Wann grünt des Reichs verdorrter Baum?«
... Doch Hiltgund schwieg. Die Recken schwiegen,

Und alles schwieg ... Da kam ein Zwerg...
Die Nebel sah man dichter fliegen,
Und mit Geknarr schloß sich der Berg.

– Walpurgistag, den ersten Maien,
Wo alle Tiefen offen stehn,
Ward von verfahrner Schüler zweien
Dies Wasgauwunder angesehn.
Sie mischten in der Höhlung Spalten
Waldmeisterkraut zu würzigem Wein
Und dichteten vergnügt und malten
Dies neue Lied vom W a s g e n s t e i n .

Trifels.

Ouch solt ihr vil wol wizzen daz:
Dazwischent Strasburc als ich las
Un Spire lit drilic berc
als uns seit der wahrheit werc:
davon er D r i v e l s it genant
in allen landen wol bekant.

Rudolf von Ems Weltchronik

Noch schwellt kein Grün der Buchen Kronen,
Doch singt die Drossel schon vom Ast
Und mit dem Weiß der Anemonen
Mischt sich der Primel gelber Glast;
Annweilers Berge seh' ich wieder
Und ihre Burgdreifaltigkeit,
In Ehren alt, vernarbt und bieder,
Kriegszeugen deutscher Kaiserzeit.

Dort S c h a r f e n b u r g , die schlanke, feine,
Vor ihr der Felsklotz A n e b o s ,
Und hier als dritter im Vereine
Der Reichspfalz T r i f e l s Steinkoloß.
Ihr Turm mit der Kapelle Erker,
Der einst die Reichskleinodien barg,
Des Löwenherzen Richard Kerker
Wächst mächtig ans des Felsens Mark.

T a n z p l a t z ist noch der Kamm geheißen,
Wo einst in zierem Pfauentritt
Bei Harfenschall und Minneweisen
Des Kaiserhofes Reigen schritt.
Ahi! wie sah man Tücher winken,
Als hier am zwölften Maientag[20] Bei vieler tausend

---

[20] Des Jahres 1194.

Helme Blinken
Der sechste H e i n r i c h Abschieds pflag!

Im ernsten Auge sprüht' ein Feuer,
Als klirre schon der Speere Krach:
» K o n s t a n z e , Weib dem Herzen teuer,
Bald rächen wir Salernos Schmach;
Eh sich die Wälder herbstlich färben,
Die heute diese Fahnen sehn,
Soll siegreich uns und unsern Erben
Das Reichspanier am Aetna wehn!«

Als ihres Kaisers Heergeleite
Ritt eine stolze Fürstenschaft
Und seinem Bruder treu zur Seite
P h i l i p p v o n S c h w a b e n s junge Kraft.
Noch zog des Rotbarts blondem Kinde
Kein Frühlingsahnen durch den Sinn,
Daß er die Braut I r e n e finde
Als dieser Maifahrt Beutgewinn.

Gleich einer ehernen Schlange wanden
Die Helme sich den Wald hindurch
Und alle Heerdrommeter sandten
Als Abschiedsgruß das Lied zur Burg:
»Ihr frische Rosen, sanfte Lilien,
Lebt wohl und blüht in Gottes Hut;
Des Adlers Flug geht nach Sizilien,
Ihn dürstet nach Normannenblut!«

Wer weiß noch von den Rittern allen
Aus Schwaben, Franken und vom Rhein,
Die damals fest als Reichsvasallen
Schwerttrugen in der Streiter Reihn:
Vom Truchseß Markward von Annweiler,
Trushard vom Kestenberger Schloß,
Vom treuen Heinz von Meistersele,
Vom Eberhard von Anebos?...

... Ob ferner Wasgauhügelreihe
Sprüht goldner Sonnenuntergang
Und still schwebt Frühlingsabendweihe
Des Reichs verlassnen Berg entlang.
Dann, mit des letzten Golds Verglimmen
Füllt rings die Täler feuchtes Grau
Und auch der Seele Saiten stimmen
Sich äolsharfenweich und lau.

O Jugendkraft, wie wirst du älter!
Bald tritt auch mir die Stunde nah,
Da ich nicht mehr durch deutsche Wälder
Auszieh' ins Land Italia.
Bald bleicht des Wandrers müd Gebeine
Vergessen in der Erde Schoß,
Und wie des Trifels mürbe Steine,
So deckt auch seinen Grabstein Moos.

Zavelstein.

Kleine Burg für wenig Mannen,
Städtlein rußig, eng und schmal,
Rings des Schwarzwalds Edeltannen,
Unten tief das Teinachtal –
Rauhe Lüfte, Wolkenflüge,
Schneegestöber, Sonnenschein:
Also wandernd im Aprilis,
Schaut' ich einst den Zavelstein.

Nie von Riß und Sprung genötet
Ragt sein schlanker Römerturm
Wie gegossen und gelötet
Quaderfest im Zeitensturm...
... Ruhsam stund der Ortsbewohner
Vor dem Haus im Sonntagskleid,
Auch der Burghof pflag der Ruhe
Winterschläfrig, tiefverschneit.

Aber ostwärts auf den Halden
Weicht besiegt der Schneelast Druck,
Seine Kelche hoch entfalten
Will ein wilder Blütenschmuck,
Und im Schmelz der Farbentöne
Dunkelviolett bis weiß
Drängt sich fremde Purpurschöne
Ueppigst wuchernd aus dem Eis.

C r o k u s , Sproß des Morgenlandes,
Seltner Gast auf Schwabens Flur,
Zeugnis ewig jungen Frühlings
Und uralter Weltkultur;
Wo itzt Flocken niederwirbeln
Auf die wohldurchblümte Au,
Pflanzte einst ihr Saffrangärtlein
Eine kluge Römerfrau.

Saft den Süpplein ihrer Küche,
Herzarznei für böse Sucht,
Dunkeln Locken Wohlgerüche
Zog sie aus der edeln Frucht.
Und im Anhauch dieser Blume
Schritt sie, wenn der Frühling nah,
Opfernd zu dem Heiligtume
Der Diana Abnoba.

Die Gemeinde Gabelbach.

Stolz ragt aus den Thüringer Tannen
Des Kikelhahns Haupt in das Land,
Von Goethe in klassischem Griechisch
» Alcetryogallonax« genannt.

Vom Wald, wo das Lied Er gesungen:
»Ob allen Wipfeln ist Ruh'«
Da schaut eine kleine Gemeinde
Stillfriedlich den Welthändeln zu.

Und färbt die gerodete Stelle
Sich abendgoldsonnig und klar,
Da sitzen sie all' an der Quelle
Und bringen ein Rauchopfer dar.

Mit Zweifeln und Sorgen sich quälen
Hat dortlands gründlich ein End',
Treu sorgt für das Heil seiner Seelen
Ein trefflicher Sup'rintendent.

Gerechtigkeit liebt man und übt man,
Und spät nur verläßt ihren Sitz,
Wenn sie ankam, Tagfahrt zu halten,
Die Ilmenauer Justiz.

Es werden gediegener Schulzen
Verdienste, wie selten, geehrt;
Steindenkmäler zeigen dem Wandrer,
Wie hoch der Gemeinde sie wert.

Die Straßen sind bestens in Ordnung,
Beschirmt von der Berggeister Huld,
Und wer auf den Holzwegen stolpert,
Ist meistenteils selber dran schuld.

»Der würzigste Harzduft der Tannen
Erquicke die sangfrohe Schar;
Von Goethischem Bergbau vermelde
Recht viel noch der Bergmeister Mahr.

Dem Butterbrot stets sich geselle
Belag von geräucherter Wurst,
Niemalen versiege die Quelle
Und nie der gemeindliche Durst:

Dies wünscht seinen Thüringer Freunden
Der ferne Gemeindepoet,
Den zweimal im Gabelbachhause
Der Kikelhahn sanft angekräht.«

Der Hegau-Sänger.

Seid mir gegrüßt im Sonnenglanz,
Du ferner Alpenschnee,
Ihr Berge meines Heimatlands
Und du, mein blauer See!«

Der hohe Stoffeln winkt's vertraut
Dem hohen Hewen zu,
Durch Wald und Flur erklingt es laut:
»»Mein Hegau, schön bist du!««

So singt ein Sänger, weit bekannt,
In süsser Melodei,
Die Zither schwebt am grünen Band
Um seine Schultern frei.

Das Band hat liebe Hand gestickt
An wildem Schwarzwaldhang,
Als er, den Bart mit Eis durchspickt,
Dort Schuberts Lieder sang.

Die Stimme, die solch Ständchen bracht,
Einst bei der Schlücht Gebraus,
Drang seit der kalten Winternacht
Weit in die Welt hinaus.

Sie klang, wo frommes Volk sich schart
Im Dom zu Gottes Ehr,
Und wo auf heitrer Sängerfahrt
Von Wein die Becher schwer.

Nun sind die Locken schier ergraut;
heut zählt man fünfzig Jahr,
Daß er zum erstenmal ward laut,
Zur Freud dem Elternpaar.

Doch geht der Schritt noch frank und leicht;
Glückauf zum Jubeltag!
Das grüne Band ist nicht erbleicht,
Er singt wie Lerchenschlag:

»Seid mir gegrüßt im Sonnenglanz,
Du ferner Alpenschnee,
Ihr Berge meines Heimatlands,
Und du, mein blauer See!«

Der hohe Stoffeln winkt's vertraut
Dem hohen Hewen zu,
Durch Wald und Flur erklingt es laut:
»»Mein Hegau, schön bist du!««

Der Jubilar im Neckartal

(zum 5. November 1873).

Das war ein schmucker Pfarrvikar,
Alt Wertheims Sohn und Zierde,
Als man ihn heut vor fünfzig Jahr
Zum Kirchdienst ordinierte.
Er diente ihr, wie Gott ihn schuf,
Mit reichen Geistesgaben
Und hat, getreu dem Lehrberuf,
Sein Pfund nicht leer vergraben.

Wie er sich hielt zu seinem Amt
Bezeugt ihm die Gemeinde,
Er hat geflucht nicht, noch verdammt,
Und keinen Mann zum Feinde.
Ihn hieß sein klarer Forschergeist
Des Schöpfers Allmacht ehren
Und was die Schöpfung Wunder weist,
Erkennen und erklären.

Begann des langen Winters Macht
Durchs Neckartal zu dunkeln,
Sah oft der Schiffer durch die Nacht
Des Pfarrhofs Lämplein funkeln:
Er war's, der einsam übersaß,
Den Kosmos zu erlernen,
Und was er nicht in Büchern las,
Das las er in den Sternen!

Doch Frühlings, wenn das Maikraut blüht,
Da ging er zu den Sängern
Und sang manch' lustig pfälzisch Lied
Zu Heidelberg im Engern.
Zum Krittler, dem's zu lustig war,
Sprach er: »Was kritisieren?

Ich werd' ja doch einst Jubilar,
Drum laßt mich jubilieren!«

Und richtig jubeln frohgesinnt
Heut mit dem alten Freunde
hochfestlich Kind und Kindeskind,
Amtsbrüder und Gemeinde.
Noch strömt der Neckar frei von Eis,
Die Wellen singen und brausen:
»Hoch! dreimal hoch der Jubelgreis,
Der Pfarrer von Ziegelhausen!«

Rippoldsau.

»Curae vacuus hunc locum
adeas, ut curae vacuus abire
possis, nam non curatur, qui
curat.«

Alter Badspruch.

Im Schwarzwald vor viel hundert Jahr
Im engen Tal ein Klösterlein war,
Drin hausten viel andächt'ge Brüder
Und sangen Psalmen und Bußelieder;
Der Frömmste von der frommen Herde
War Bruder Rippold, der Vielgelehrte.
Der saß und saß in seiner Zell'
Und rührte sich nicht von der Stell',
Wollt' alles wissen, was heilige Schrift
Und Gott und die Welt und die Menschheit betrifft.

Oft saß er noch beim Lampenschein
Des Nachts auf harter Holzbank allein,
Und legt' die Bücher nicht aus der Hand,
Bis bleiern der Schlaf ihn übermannt.
Allein, so wie es oftmals ergeht,
Zu vieles Brüten den Menschen verdreht,
Sein Blick ward träg, sein Kopf ward schwer,
Als wenn ein Brett dran genagelt wär',
Und in einsamen Stunden, statt sich zu erfreu'n,
Bildet' er die törichsten Sachen sich ein.
Wenn er 'mal tüchtig nießen mußt',
Glaubt er, es fehl' ihm auf der Brust;
Versetzt' ihm einer einen Nasenstieber,
Vermeint' er, es gäbe das Nervenfieber,
Und hatt' eine Mück' sich aufs Haupt ihm gesetzt,
Gedacht' er sich schon zum Tode verletzt.

So schuf er mit Mißtraun und Krittlichkeit
Dem ganzen Kloster Verdrießlichkeit,
Bis endlich der Abt am Versammlungstag
Mit gerunzelter Stirne solches sprach:

»Wohl weiß ich, es hat jeder Mensch in dem Stillen
Seine eigenen Mücken und Käfer und Grillen,
Doch wie Ihr's treibt, Herr Rippold, so ist's nicht er-
laubt,
Ihr habt wahrhaftig Hornschröder im Haupt!
In der Einöde draus mögt Ihr gehen spazieren
Und mit fixen Ideen den Wald ennuieren,
Aber unser Konvent ist kein Narrenhaus,
Ihr müßt noch heut aus dem Kloster hinaus!«
Da faßten die Brüder Herrn Rippold schnelle
Und setzten ihn jäh vor die Gotteshausschwelle,
Und warfen ihm noch, mit bösem Gelach,
Brevier und Brotsack zum Fenster nach.

... Wo jetzt ein wohlerbaut Badehaus prangt,
War alles Wildnis. Von Dornen umrankt
Stand dunkel und finster der Tannenwald,
Des wildsten Getieres Aufenthalt,
Und ungestört von verderblicher Jagd
Sagten Füchse und Eulen sich dort gute Nacht.

Betrübt zog dort der Herr Rippold ein,
Ihn freute nimmer der Sonnenschein,
Und selber die herrliche Waldesluft
Erschien ihm wie Moder und Leichenduft.
Nur im dicksten Dickicht gefiel es ihm recht
Wie einer Kreuzspinn' in ihrem Geflecht,
Und verdrießlich brummt' er in langen Bart:
»O Leben! wie bist du bitter und hart!
Ich wollt', es würde mich einer ermorden,
Oder ich wär' ein flinkes Eichhorn geworden,
Das klettert und hüpft doch und knackt seine Nuß,
Mich aber erlöst nur der Tod vom Verdruß.«

Bei solcherlei Schwermut war es kein Wunder,
Daß er täglich kränker ward statt gesunder,
Er schrumpfte zusammen als wie ein Greis,
Die Haare bleichten ihm silberweiß,
Und es dauerte kaum Tag und Jahr,
Daß er wirklich nah an dem Sterben war.
Da nahm er mit fiebrig zitternder Hand
Sich Spaten und Axt von der Klause Wand,
Um draußen am Bach beim Granitgestein
Sich zu hauen ein Grab als Totenschrein.
Sein dumpfes Hacken am Felsen erklang
Wie Sterbegeläut den Wald entlang.

Und als nun vollendet die Grabeshöhle,
Befahl er dem Herrn seine sündige Seele
Und sprach: »Du falsche Welt, gute Nacht!«
Und legt' sich hinein in den finstern Schacht.

Doch in diesen gesegneten Talesgründen
Ist nimmer und nimmer der Tod zu finden,
Und wie er so lag und zu sterben gedachte,
Erbebte der Boden und wankte und krachte;
Feucht weht' es ihn an – er vernahm mit Erstaunen
Ein unterirdisches Rauschen und Raunen,
Wie Sprudeln von Quellen schlug's an sein Ohr,
Rick – rack – und wrumm! Da hob's ihn empor.

Ein mächtiger Wasserstrahl mit Gebraus
Warf jählings Herrn Rippold zum Grabe hinaus,
So hoch wie der nächste Tannenbaum
Flog triefend er in den leeren Raum,
So daß, als er glücklich herab war gekommen,
Er wirklich ein tüchtiges Sturzbad genommen.
Da stand er und schüttelte dreimal sich,
Und beschaute sich selber verwunderlich;
Ein neues Leben durchzuckte die Glieder,
Als kehre die Kraft und die Jugend ihm wieder.
Den Quell sah er sprudelnd blinken und winken,
Er wußt' nicht warum, er mußt' davon trinken.

Er schöpfte mit hohler Hand sich die Flut,
O Wunder! das schmeckte so fremd und so gut,
Von schäumenden Perlen durchwallt und durchzischt,
Als hätte ein Berggeist den Trank ihm gemischt.
Und schnalzend sprach er: »Wie wird mir – o Schauer,
Das sprudelt ja salzig und kohlensauer!
Dringt stärkend und lösend durch Mark und Gebein
Wie niemals der feurigste Edelwein!
Du gütiger Himmel, hab' Dank für die Spende,
Nun geht meine Trübsal und Krankheit zu Ende,
An diesem Heilbrunn, statt Grab und Tod
Erglänzt mir ein neues Morgenrot!«

Herr Rippold dachte ans Sterben nicht mehr,
Er schleppt' einen Steinkrug zur Quelle her
Und trank und trank ohne Unterlaß
Schon am ersten Tag über sieben Maß.
Kaum hob sich des andern Tages die Sonne,
So trank er schon wieder mit neuer Wonne,
Und nahm sein Bad in der bergfrischen Welle
Und schnalzte vergnüglich gleich einer Forelle,
Ward zusehends lustig und jodelt' und sang,
Daß ein fröhliches Echo den Tannwald durchklang.
Auch mehrte sich merklich sein Appetit,
So daß er mit unverzagtem Gemüt
Einen ganzen Schinken und Brotes drei Laib
Verzehrte, als wär's nur ein Zeitvertreib.
Als zweiter Nimrod, mit Bogen und Pfeil
Durchzog er die Waldung von jetzt an in Eil',
Schoß Hirsche und Eber, und kam auch ein Bär,
So sprach er: »Das freut mich nur um so mehr,«
Und schlug mit gewaltig erhobenem Stein
Aus freier Hand den Schädel ihm ein.
Denn wer hier trinken und baden kann,
Den ficht kein Ungeheuer 'was an.

Herr Rippold lebte zu selbiger Zeit
In der allereinsamsten Einsamkeit;
Es führte zu ihm nicht Steg, nicht Pfad

Und niemals waren ihm Menschen genaht;
Nur selten bei seiner Einsiedelei
Trieb ein Hirtenkind seine Herde vorbei.
Doch früher, bevor er die Quelle entdeckt,
War Herr Rippold immer gewaltig erschreckt,
Wenn er die Maid nur von ferne erschaute,
Und sprang, dieweil ihm wahrhaftig graute,
Scheltend, so weit ihn trug sein Fuß,
Ins Waldesdickicht mit Groll und Verdruß,
So daß die Hirtin betrübt oft klagte
Und im stillen zu sich selber sagte:
»Dies scheint, soweit ich es beurteilen kann,
Ein frommer, aber ein grober Mann.«

Der Hirtin Antlitz war zart und fein,
Sie schaute sanft in die Welt hinein,
Und ihre Wangen, ein wenig bleich,
Schufen ihr Aussehen träumend und weich.
Sie hütet' am Saum vom Tannenwalde
Die Herde auf grüner Bergeshalde,
Trank die würzige Bergluft in vollen Zügen
Und spielte mit ihren Lämmern und Ziegen.

Nun fügte sich's einmal von ungefähr,
Daß Herr Rippold jagend den Wald kam daher,
Und wiederum, was sonst ihn so schreckte,
Er von ferne den Strohhut der Hirtin entdeckte.
Doch heute erschien er durchaus nicht verdrossen,
Am Waldsaume stand er wie festgegossen
Und dachte: »O seltsamer Wechsel der Zeit! –
Sonst floh ich meilen- und meilenweit,
Jetzt mag ich durchaus nicht mehr von der Stelle;
Ist dies vielleicht auch eine Wirkung der Quelle?«

Drauf faßt' er einen tapfern Entschluß
Und bewegte zur Jungfrau hinab seinen Fuß
Und sprach, doch nicht ohne innere Sorgen
Und bedeutend verzagt: »Recht guten Morgen!«

»Schön Dank!« gab ihm die Hirtin zurück,
Dann warf er auf sie einen seltsamen Blick
Und schwieg. Eine längere Pause entstand,
Bis daß Herr Rippold sich wieder ermannt
Und mit tapferm Herzen zum zweiten sprach:
»Es scheint mir heut ein sehr schöner Tag.«
Dann aber, als wäre zu viel schon geschehn,
Verschwand er, ohne sich umzusehn.
Doch item und item – wer weiß wie's geschah! –
Des andern Tags stand er wiederum da,
Und wären die Tannen nicht still und diskret,
So wüßt' man auch, was sie noch weiter geredt;
Doch jedenfalls blieb es bei stiller Verehrung
Und kam zu keiner nähern Erklärung.

Da begab sich, daß nach etlicher Frist
Am gewohnten Platze die Maid ward vermißt.
Sie lag zu Haus schier gefährlich krank.
Herr Rippold sprach: »Gott Lob und Dank!
Nun find' ich doch endlich Gelegenheit,
Ihr zu dienen in Treue und Freundlichkeit!«

Und eines Morgens, um sechs Uhr präzis
– Es wehten die Lüfte gar lieblich und süß –
Sah man, wie Herr Rippold besorgt und gerührt,
Die Hirtin am Arm zu der Quelle geführt,
Er schöpfte ein Glas und sprach zierlich und schön:
»Das trinket zu Eurem Wohlergehn,
Dann rat ich Euch', etwas zu promenieren,
Sodann ein zweites Glas zu probieren,
Und unmaßgeblich will mich bedünken,
Wir könnten in Zukunft gemeinsam hier trinken!«

Und item und item – wer weiß wie's geschah –
Sie sagte nicht nein und sie sagte nicht ja,
Doch Herr Rippold ging bald in den Tannwald hinaus
Und suchte den höchsten Baumstamm sich aus,
Und schlug einen Nagel hoch oben in Stamm
Und hing seine Einsiedelkutte daran.

Die Hirtin aber ward unverweilt
Durch des Quells erquickenden Zauber geheilt,
Fuhr wieder zu Berge, stark und groß
Und blühte als wie eine Frühlingsros'.

Und item es dauerte wieder nicht lang,
Tönt' festlich im Tale der Glockenklang.
»Was wallt dort zum Klösterlein?« Mancher frug,
Und die Antwort war: »ein Hochzeitzug.«
Am Portale stund mit den Brüdern der Abt
Im vollen Ornate, beringt und bestabt,
Und sprach: »O Rippold, geprüfter Mann,
An Dir hat der Himmel ein Zeichen getan,
Und weil Du, der leidenden Menschheit zum From-
men,
Der Quelle zuerst auf die Spur bist gekommen,
Sollst Du, befreit von Gelübde und Zwang,
Die Au dort verwalten dein Leben lang,
Sollst Herberg' halten für Männer und Frau'n,
Sollst Stuben zum Trinken und Baden erbau'n,
Sollst alles, was dienlich, schaffen heran,
Selbst Damensalon und Kegelbahn.«

Und wieder erklangen die Glocken gar traut.
Da kniete Herr Rippold mit seiner Braut,
Da sprach der Abt am geschmückten Altar
Seinen Segen über ein glückliches Paar,
Und gab sie zusammen als Mann und Frau ...
Das ist die Geschichte von Rippoldsau.

Die Schweden in Rippoldsau.

Vor zweihundert Jahren – Wem ist's nicht bekannt?
Ertobte der Krieg im deutschen Land,
Die Schweden und die vom Wallenstein
Schlugen einander die Schädel ein,
Und dauerte über dreißig Jahr,
Bis die Schlachtenfurie verbrauset war.

Doch das friedliche Rippoldsauer Tal
Blieb verschont von des Krieges Gewitterstrahl,
Und mancher, dem kranken Leib zum Frommen
Ist Heilung suchend zur Quelle gekommen.
Man lebte damals schier so wie jetzt,
Man hat sich mit mancherlei Kurzweil ergötzt,
Ein trefflicher Badwirt sorgte wie heut
Für gute Herberg und Schnabelweid.

Man schlürfte die Quelle und sprach nur wenig
Von Papst und Kaiser und Schwedenkönig.
Die Alten tranken und rauchten Tabak,
Die Jungen fanden am Ballspiel Geschmack,
Die Damen in Reifrock und hoher Krause
Scherzten und lachten beim Mittagsschmause,
Und abends tanzte man zierlich und nett
Auch ein steif graziöses Menuett.

Die Badmusik war in vorzüglichen Kunden,
Sechs Mann mit verschiedenen Instrumenten
Spielten rüstig und unverdrossen drauf los,
Und war schier jeder ein Virtuos.
Da begab sich's im dreiundvierziger Jahr,
Daß Herr Johann Petzold Baßgeiger war,
Der hing eines Abends im Monat August
Seine Geig auf den Rücken mit großer Lust,
Und stieg auf die Holzwälder Höhe empor,
Um unbelauscht von der Badgäste Ohr
Ein neues Adagio einzustudieren,

Womit er am Sonntag wollt' exzellieren.
Denn für des Brummbasses dröhnend Walten
Ist's besser, einsame Proben zu halten;
Die Baßgeige lieben viele Personen,
Mögen doch nicht neben dem Baßgeiger wohnen.

Drum kam Herr Petzold mit Cello und Bogen
Hinauf in den luftigen Tannwald gezogen,
Und schaute weit in die Lande hinein
Bis zum Straßburger Münster am glitzernden Rhein,
Er suchte ein schattiges Plätzlein im Moose
Bei Farrnkraut und duftiger Weidenrose!
Hell klang in die Waldesstille und froh
Sein funkelneues Adagio.

Doch wie's so recht voll in den Saiten rauschte,
Da spitzt' er auf einmal die Ohren und lauschte;
»Zum Teufel, was hör' ich, was hat sich gerührt?
Ich werd' aus der Ferne akkompagniert!
Trom trom! trom trom! trari, trara!«
Nun hilf uns, heilige Cäcilia!«

Herr Petzold hatte in früheren Tagen
Bei Pappenheims Reitern die Pauke geschlagen;
Seit der Lützner Affäre kannt er den Ton:
»So trommt und trompetet der Torstenson!
Trom trom! trom trom! trari, trara!
O heil'ge Cäcilie, der Schwed ist da!«

Herr Petzold hat keine Silb' mehr gesprochen;
Aufsprang er, wie von der Tarantel gestochen,
Und schultert die Baßgeig' und sah nicht mehr um,
Vergaß selbst sein gelb Kolofonium,
Ließ Noten zurück und Sacktuch und Kapp'
Und sprang wie besessen den Tannwald hinab.
»Gut Nacht, Adagio und Bademusik!
Gut Nacht, der Petzold kommt nimmer zurück!«

Im Bad indes hatte niemand Kunde,
Was Herr Petzold erlauscht in jener Stunde,
Es kamen, wie sonst, die Herren und Damen
Im Speisesaal zum Souper zusammen.
Der Expeditor bracht' an Paket und Brief,
Was mit der Wolfacher Post einlief.
Auch von Freiburg der alte Herr Kreispräsident
Erhielt ein gesiegelt Pergament,
Und man bemerkte, daß etwas blaß
Seine Züge wurden, als er es las;
Es scheint, auch in dieser Epistola
Stand was von trom trom und trari trara!
Denn er flüsterte Frau und Tochter was zu
Und rief auch plötzlich den Badwirt herzu
Und sprach: »Ich verreise früh morgen um vier,
Besorgen Sie schnell einen Wagen mir!«
Und wiewohl kopfschüttelnd der Badwirt sprach:
»Sie haben bestellt ja für dreißig Tag
Die Wohnung und sind erst seit heut im Quartier,«
Erwidert' er: »Dennoch verreis' ich von hier!«

Des andern Morgens früh um vier Uhr
Er mit Extrapost von dannen fuhr.
Auch der Herr von Questenberg von Wien
Nicht mehr, wie sonst, an der Quelle erschien.
Er nahm trotz seinem seidenen Rock,
In derselben Kutsche Platz auf dem Bock.

Um acht Uhr saß alles wie sonst beim Kaffee
Im Hof und unter der Lindenallee,
Doch die Musik schlich traurig heran,
Statt sechsen waren's nur fünf Mann,
Und was sie spielten, war inkomplett,
Daß schier man sie ausgepfiffen hätt'.
Drum zu den Gästen mit klagender Miene
Sprach entschuldigend die erste Violine:
»Wir sind ruiniert, ein verstimmter Akkord:
Die Baßgeig' mitsamt dem Petzold ist fort!«

Da wurde viel geschwatzt und gesprochen,
Ob Freund Petzold wohl seinen Hals gebrochen,
Oder ob, als leichtfertiger Musikant
Er ohne Abschied von dannen gerannt;
Die Menschheit ist stets geneigt zum Bösen,
Man machte viel boshafte Hypothesen:
Er hab', als Verliebter, im Schatten der Nacht
Einer Wälderin ein Baßgeigenständchen gebracht,
Oder liege, von süßem Weine trunken,
Wohl in jammervolle Träume versunken.
Nur der Flötist sprach mit edlem Mut:
»Der Petzold ist klug und weiß was er tut!«

Und wieder nahte die Mittagsstunde
Und saßen die Gäste in fröhlicher Runde,
Die Schüsseln dampften – nur auf der Tribüne
Dacht' die Musik mit betrübter Miene:
»Bald kommt der Braten, o schlimmes Signal,
Heut spielen wir nur zu unserer Qual,
Wir sind ruiniert, ein verstimmter Akkord,
Die Baßgeig' mitsamt dem Petzold ist fort!«

Der Braten kam, schon schwirrten die Geigen,
Da flog durch den Saal ein bedeutungsvoll Schweigen,
Die Fenster klirren – o bittres Dessert!
Ein Kanonenschuß vom Kniebis her!
Noch einer – piff, paff! – 's ist nimmer geheuer,
O Gott, Geschütz- und Musketenfeuer!
Und zwischen hinein: trom trom, trara!
Behüt' uns Gott vor d e r Musika!

Wie wenn der Blitz in ein Taubenhaus schlägt,
Schwirrt alles verstört und bewegt und erregt ..
Dort fällt ein Stuhl – hier zerbricht ein Teller,
Dort verschüttet einer den Muskateller,
Die Damen schluchzen, die Kinder schrei'n, –
D e r taucht sein Biskuit in Senftopf ein –
D e r fordert die Rechnung – der Rosse – der Wagen –
D e r denkt: jetzt hat meine Stunde geschlagen

Und spricht zur lockigen Nachbarin:
»Ich lieb' Euch! laßt uns zusammen fliehn!«
D e r ruft zum Wirt: »Ade, seid geduldig!
Für diesmal bleib' ich die Zeche schuldig!«
D e r zupft ihn am Aermel – der tritt ihm den Fuß:
Ein Königreich für einen Omnibus!
Auf, auf! helft, helft! schon hört man ganz nah
Trom trom! trom trom! trari, trara!«

O Rippoldsau, du stilles Tal,
Wie warst du verwandelt mit e i n e m m a l,
Seit der Sündflut hat, in verworrener Flucht,
Keine Gesellschaft so das Weite gesucht.
Hier trug ein Herr auf erhobenem Arm
Eine ohnmächtige Dame durch den Schwarm,
Hier galoppte ein Reiter die Straße hinab,
Dort entfernte ein Hausknecht zu Fuß sich im Trab,
Ja, ein verspäteter Unglückssohn
Ritt auf dem Haushund Sultan davon.
Eine halbe Stunde – und still und stumm
Lag Badhaus und Quelle und alles ringsum,
Nur auf der Galerie der Musik
Blieb ein einzig menschlich Wesen zurück.
Es war der Flötist, er stieg fröhlich und munter
In den menschenverlassenen Saal herunter
Und sprach: »Wozu das unnütze Rennen!
's ist Zeit genug noch, um durchzubrennen,
Doch ein Laufen mit Durst und mit leerem Magen
Das kann kein Flötenspieler vertragen.«

Er setzte sich an den verlassenen Tisch
Und tat sich noch gütlich mit Braten und Fisch,
An Biskuit und Mandeln, am ganzen Dessert,
Als ob kein Schwed' in der Nähe wär ...
Auch steckt' er gelassen in seine Taschen
Zwei unversehrte Assentaler Flaschen,
Bis daß auf fünfzig Schritte nah
Es von neuem klang: »Trari, trara!
Trom, trom, trom trom, trom trom, hurrra!

Der Schwed' ist da, – der Schwed' ist da!«
Da griff er ruhig zu Flöte und Hut;
»Ich sagt's ja, der Petzold weiß, was er tut.
Jetzt noch ein Glas Wein und das letzte Stück Kuchen,
... Dann will auch ich den Petzold suchen!«

Festgruß

zur Feier von Hebels hundertjährigem Geburtstag 10. Mai 1860.

Den in Schopfheim zur Festfeier Versammelten.

Gott grüßich all, ihr liebi Here z'Schopfe,
I hanich neumis z'brichten us der Fremdi.
So 'ne verfahrne Säckinger Trompeter
Isch selte d'heim; 's viel Sitze g'fallt em nit,
Und wie der Vogel, wenn der Früehlig chunnt,
So fliegt er us und singt in andrem Land,
Drum chaui ietz nit zuenich, 's tut mer leid.
Doch loset, was mer jüngst bigegnet isch.
Im Baierland isch mi Station. Und gester
Do fahri uf'me wunderblaue See,
Me seit en Chiemsee oder bairisch Meer,
Und find' en Insle, sunnig, sufer, chli
Und friedli still. Es huuse Fischer dört
Und Chlosterfrauen immen alte Stift;
Lerm hört me wenig: numme Glockeg'lüt
Und Ruderschlag und frohe Vögel G'saug.
Denn d'Vögel hen e liebi Herberg dört.
Uf dere Insle stöhn as wie 'ne Chron'
Uralti Lindebäum, im Zirkel pflanzt,
Und spieglen ihri Dölder wit im See.
Me seit, es syg scho in der Römerzit
'Ne Heiligtum dört gstanden und es ging'
No mengis mol dört öppis geistwis um.

Wieni dörthi chumm – grad am erste Mai,
Es isch 'ne milde Früehligsobed gsi,
Wurd's langsam dunkel, d'Sunne sinkt in See,
E wengli no hen d'Alpegipfel g'lüeht,

Derno isch lisli 's letzti Rot verlöscht
Und Mondschi wurd's und klari Sternenacht.

Und wieni mi verträumt im Gras dört streck,
Und wieni d'Stern am Himmel glizzre seh
Und wieder glizzren in der Wasserfluet,
So denki das und deis... und sag für mi:

»Ihr liebi Stern, Liecht us der andre Heimet,
Ihr liebi Stern, i wott, i wär bi euch!«
Und chlip und chlap! – was witt und was bigehrsch?
Husch ruuscht's mit Flügelschlag im Lindewipfel
Und stöhn zwei Engel vormer, gschlachti Burscht,
In blauem Häs, mit Sterneblueme g'chrönt,
Und sage: »So denn! b'sinn di nümme lang,
»De muesch mit eus! hesch's just nit selber g'seit:
»Ihr liebi Stern, i wott, i wär bi euch?
»Hüt isch Walpurgisnacht: Was ein do wünscht,
»– E Sunntigschind, e landverfahr'ne Schüeler, –
»Flugs g'schicht's. – Huppla! mer fliegen eben ufe,
»Uf wele witt?... 's batt nüt, de muesch jez mit!«
»– He! sagi, dunderschieß! 's isch eigetli
»So scharf nit g'meint... mueß denn gly gfloge sy?
»Me würd doch au no öppis rede dörfe?
»I ha scho viel erlebt, scho mengerlei
»Fuhrwerch probiert und bi in menger Wis'
»Dur d'Welt scho g'rutscht, doch vo men Engelpaar
»Verarretiert und sternwärts transportiert:
»Sell nie!... He nu, es isch mer e i tue z'letscht,
»Und mueß denn g'floge sy, so denk i wohl:
»Mer wend zum M o r g e s t e r n ! der isch der liebscht
»Von alle mir in Gottes Himmelsgarte,
»'s het mi scho lang e Sehnsucht nochem plogt.«
Und chlip und chlap! – was witt und was bigehrsch?
Ein Engel saßt mi links, der ander rechts:
Eis, zwei und drei: .. und husch, so goht's in d'Luft,
Und uf und furt! .. Bim Strohl! en Isebahn,
E Luftballon, e Telegrafedroht
's isch all's e Schneckepost, wemme's verglicht

Mit so'me Engelfliegwerch d'Milchstross' ufe.
Jo, uf und furt ... Chuum luegi wieder nidsi,
Schint scho mi Chiemsee numme ne silbrig Pünktli
Und bal schrumpft d'Erde zuere Chugle z'semme,
Wird chli as wie der Mond und wird noch chliner
Und schwebt, e winzig Sternli, fern im Luft,
Bischeidener als menge Her uf ihr.
Und wieder no' re Wil do funklet scho
Zue euse Füeße fremdes schönes Land
Mit Berg und Tal .. und: »Ufgluegt!« seit mi G'leitsma,
»Der Morgenstern!« .. und sänftlig sinkt der Flug
Und mini Sohle gschpüere wieder Bode.
»De Morgestern!« rueft au der ander Engel,
As wie' ne Konduktör, wemme d'Station het.
Und Othem schöpft: »Helfis Gott, so sagi,
»Es trümlet mer im Chopf und vor den Auge,
»Lönd mi e weng verschnufe, daß i au
»Schön Dank cha sage ... Uff! deis heißt e Schnellzug!«
»O b'hüetis!« lacht der Engel, »chuum e g'mischte!
»Meinsch, d'wiegsch so liicht as wie ne Seifeblösli?
»E Güeterzug isch's gsy, und no e schwere!
»Jetz gang und schau di um. Mer müen no witers.«

O Morgestern! wie lieblig isch's uf dir!
Zwor nit gar anderst as bei eus, doch heitrer
Und glänziger isch d'Gegnig gsy und wärmer,
As wär dort ewig Früehlig, ewig Sunntig;
Und scho am Luftzug het me g'schpüert, es weiht
E sanftrer Othem dort .. i selber bi
Mer gröber vorcho wie 'ne Hozzewälder,
Der uffen Bal dappt z'Friburg im Museum.
Noch wandli fürwärts. Lueg, do isch e Tal,
E prächtig Matteland und schöni Waldig
Und klar und frisch e Bergforellewasser.
... Es het mi gmahnt ans hinter Wiesetal,
Wemme vo Mambach nidsi goht go Huse,
So schön het alles blüeht, so saftig frisch
Hen d'Chrüter gschprosst ... Früeh isch's nu gsy am
Morge.

Doch wieni witers chumm, so höri rede.
Am Waldhang sitzt en alt ehrwüerd'ge Greis,
Schneewis vo G'wand und mild von Gsicht und Art,
Um ihn im Moos e lustig Chindervolch.
Schuel het er g'halte. Nei, wie hens'em g'looset,
Me het jeds Läubli wisple ghört im Wald.
Und Zucht ischt gsy und Ordnig. Me het's g'merkt
D e r braucht kei Ruete, 's Büdeli ze versohle.
Druf schließt ers Buech und lächelt und seit: »So!
»Jetzt singt no eis, dann chönnd 'er gô go spiele,
»Und über d' Matte gumpe, doch gent Achtig,
»Dass kei's 'ne Mejeblüemli z'semmetritt,
»Und tuend keim guete Tierli Oeppis z'leid!«
Was meinet er, as d'Chinder g'sunge hen?
»Se helfis Gott und gebis Gott
E gute Tag und b'hüetis Gott!
Mer beten um e christlig Herz,
Es chunnt eim wohl in Freud und Schmerz,
Wer christli lebt, het frohe Muet,
Der lieb Gott stoht für alles guet.«
Dann packes z'semm und batsche froh in d'Hend
Und springe furt. Der Greis chunnt uf mi zue.
»Gottwilche,« seit er, »was bisch du für ein'?«
Ich antworte »Nüt für unguet, eigentli
»Se g'höri nit ganz uf de Morgestern,
»Doch lockt's mi zuenich, d'Sproch schint mer bikannt
»Und euer Singe heimlet mi so a.«
»He woher chunnsch denn?« frogt er. – »Wither,« sagi
»'s wird Euch villiicht nit akkurat bikannt sy:
»Es isch e ferne Stern, me heißt 'en d'Erde,
»Drin isch en Erdteil, der Europia heisst,
»In sellem Erdteil isch e Land, heisst Teutschland,
»In Dütschland aber isch am Rhi e Ländli...«
»Zem Dunderwetter!« brummlet do der Alt,
»Du morgesternverflogen Erdechind,
»Meinsch echt, mer wüsse hielands au nit mehr
»As wie der Föhreli us der Geography?
»Wie goht's denn z'Karlisrueh?«

»Jo, Element,
»Luts so! Excüse,« sagi, »he! 's goht guet!
»'s isch allwil no ne sufri glatti Hauptstadt,
»'s het viel gschtudierti gschidi Here drin,
»Und Wibervölcher! .. 's isch die helli Pracht!
»'s treit sicher keini uffem Morgestern
»E Stahlreifvogelchefirock wie die!
»Au stoht's no alliwil im Haardwaldsand
»Und nit am Rhi – wiewohl se'nen schier gar
»Hig'leitet hätte ... jo! .. und d'Schwarzwaldberg
»Sin au nit nöcher g'ruckt, no nenge chunnt
»Dört Heimweh über no sim Oberland!«
»Du liebes Oberland!« seit mild der Greis,
»Du liebes Oberland ... Wie gohtsnen au
»Z'Lörrech und z'Schopfe und am waldige Feldberg?«
»He!« hani denkt, »Staub, Gift und Bopperment!
»Der Ma weiß besser B'scheid uff euserer Erd
»Als ich im Morgestern! Was isch au das?
»... he nu! sie tribes ziemli,« sagi druf,
»Gottlobundank, me cha si nit biklage.
»'s goht Handel und goht Wandel. D'Isebahn
»Dämpft üeral derdur. Bis Waldshuet fahrt me
»Au 's Wieset«! würd bal lokomotivisch.
»Der Denglegeist cha nechstens Schiene dengle,
»Wennen der Dampf nit ganz vertribt vom Wald.
»Sie hen au schöni Strosse g'leit durs Land.
»Vom Todtmes nidsi, wo si d'Wehre tummlet
»Im Felseg'chlüft, – der Wiese wildi Schwester,
»E chech Zigünerchind, .. zieht jez e Fahrstroß
»Wohlg'muuret, fest, nit liicht hig'försterlet.
»Selbst uf de Feldberg stigt me jetz biquem:
»E Turn stoht uffem Gipfel und me cha
»De Sonneufgang prächtig drin verschlofe.
»... Durst hen se au, gottlob, no kei z'erlide!
»Denn z'Lörrech vorn und im Marggrövlerland
»Was meinsch, wie's in de Chellere jetzt bstellt isch?
»Dort litt e Wi ... hei, tusigsappermost,
»Me schnuuft jetz nümme viel vom Vieredrißger,
»Der Siebnefüfzger goht no über Baumöl!

170

»Der het e Füür! Bliztusig! .. d'Sunne chönnt er
»Illuminiere, wenn sie nit scho hell wär,
»D'Planete chönnt er us de Bahne werfe
»Und alli Fixstern wacklifacklis mache.
»Witt au dervo? 's gäb scho! de bruuchsch mer numme
»E regelmäßgi Engelfahrpost anz'geh,
»Der Blankehorn vo Mülle schickt e Fäßli.«
Derweil mer so hen z'semme dischkeriert,
Isch d'Sunne mächtig hintrem Waldhang fürcho
Und alles isch in Duft und.Glanz verklärt gsy.
Do höri fernher d'Chinder wieder singe:
»Dört chunnt si scho, was hani gseit
In ihrer stille Herlichkeit!
Sie zündet ihre Strahlen a,
Der Chilchturn wärmt sie au scho dra
Und wo sie fallen in Berg und Tal
Se rüehit sie 's Leben überal.«

Der Greis seit nüt und faltet lisli d'Händ.
Und wien i mer sin Antlitz jetz bitracht,
Wie's früendli blitzt im goldne Sunnestreifliecht,
Se chunnt es mer bikannt vor und bikannter,
Und 's überlauft mi warm. »Tusig gottswill!«
So rüefi, »'s wird nit sy? .. stoht nit bim Schloß
»Vo Karlisrueh im schattedunkle Garte
»En isern Denkmol, 's treit e goldig Brustbild?
»Hani als Chnab nit oft dort gschpielt und g'frogt:
›Wer isch der Ma mit siner edle Stirn,
»Sim chruse Hoor, sim Lächlen um den Mund?‹
»Sin sell nit Euri Züg? isch nit der G'sang,
»Den selli Chiud dört singen, au von Euch
»Und sind Ihr nit der J o h a n n   P e t e r   H e b e l ?«

Do winkt der Greis und lächelt fin und seit:
»'s cha sy, 's cha sy ... denk wohl, i bin en gsy,
»Doch isch's mer jetz, wenn i dort abi lueg,
»Just wienis früeher selber b'schribe ha:
» »Lueg, dort isch d'Erde gsy und selle Berg
» »Het Belche g'heisse ... nit gar wit dervo

»»Isch Wisleth g'sy, dört hani au scho g'lebt
»» .. und möcht jez nümme hi ...!««
... Verstohsch mi au?
»Und weiß me öppis dunte no vo mir?«

»O Meister,« rüefi, »nei, wie magsch so froge?
»Se lang im Feldberggrund ne Tanne wurzlet,
»Und d'Wiese strömt und d'Wehre und de Rhi,
»Se lang no Meidle flink und dundersnett
»Und Buebe obeds um de Liechtspon sitze,
»Wenns Marei seit: verzehlis näumis, Aetti,
»Se lang weiß me vo Dir und wird me wüsse!
»S'isch kein meh cho, der g'sunge het wie Du
»So frisch vom Herze und so heimet-treu,
»Ders g'füehlt het, was im zarte Haberchörnli,
»In Feld und Wald, in Felsen und in Bäche
»Für e verborgni Offebarig lebt,
»Kein, dem wie Dir die guete Schwarzwaldgeischter
»Ihr Sproch zueg'flüstert hen, ihri g'heimi Sache,
»Der die Böse selber, de Irrgeist und de Puhu
»So z'bschwöre weiß mit scherzhaft spitzge Wort!
»Weger, 's het Grund, ass, wemmen uffem Wald
»Jetzt in e Stube goht, uf's Brettli wist,
»Wo's Husarchiv un d'Büecherei verwahrt stoht,
»– Links ob der Tür – und frogt: »was hender do?«
»Der Husher seit: » M i B i b l e n u n d m i H e b e l !
»'s bruucht nit viel mehr zuem fromm und fröhlich sy.
»O Dichtersma, wie möcht i Di drum nide!
»Und niden um Din ewig heitre Sinn,
»Um Dini Rätsel, Dini Husfründg'schichtli,
»'s Schatzchästli, voll vo g'schliffne Edelstei!
»Hörsch mengmol nit ini Morgestern e G'lächter
»Recht usem Zwerchfell, wemme d'unte liest,
»Was d' vo der nasse Schlittefahrt verzehlsch,
»Vom Zirkelschmied und vom Kannitverstan?
»Und zupfts di nit, de chämsch und luegtisch wieder?
»'s gäb mengis neui Hauptstück in Kalender,
»Und mengis »Merke!« mengis »Item!« z'schribe!
»Im Zundelfrieder und im Zundelheiner

»Sin starchi Chind und Chindeschind erwachse,
»Un sin wohluf ... me sperrt's nümme all ins Hüsli.
»Denn, 's git, sie triebes Handwerch fürnehm jetz
»Und chuderwelsche, ass Eim trümlig wird.
»Wer Schulde macht und nümm ans Zahle denkt,
»heisst's: »Credit Mobilier,« und wenn er nimmt,
»Was ihm nit zueg'hört, – weisch wiemes jetz heisst?
»I sag deis nit ... 's wär au öpp's für de Husfründ!
»Jo weger, Meister! chumm und fahr mit abe!
»Sell gäb e Freud!... me trüeg Di uf de Hände
»Durs badisch Ländli dure .. d'Karlisrueher
»Si nähme Di hüt wieder zum Prälat,
»D'Verleger chäme schaarewis, si böte
»Der für de Boge feufezwänzg Dublone!
»Und in der Heimet! ... nei, was glaubsch ass d'saech-
sch?
»Was glaubsch, wem rüstet si's ganz Oberland
»Am zehnte May zum Fest und Ehretag?
»Wem gelte d'gschmückte Hüser, d'Böllerschüß?
»D'Musik und d'Fahne, d'schwarzi Fräck, de Chilch-
gang?
»Meinsch 's syg e Schillerfest? .. De wursch Di schnide!
»Me chennt au andri Lüt .. he! 's wird scho chnalle,
»Dass d'Ohre chlinge, piff und paff und puff!
»Und merke würsch, ob men an H e b e l denkt!«

So hani g'redt. Er aber git mer d'Hand,
(In sinen Auge hen zwei Träne perlt)
»Schwîg,« seit er, »schwîg und mach mers Herz nit
schwer!
»Doch wenn de heimschribsch, meld, i loss es grüesse,
»So viel Ihr 's Gläsli lupfe, d'ganz Versammlig!
»Und wenn eis früeih am zehnten oder ölften
»An Himmel luegt und siecht de Morgestern
»In stärchrem Glanz und schier unrüeihig funkle:
»So ischs e Schi, er chunnt aus us 're Heimet ..
» E s   i s c h   m i   D a n k ! . .   D e r   H e b e l   s e g n e t
e u c h ! . . «

Druf isch er furt und mit keim Aug meh z'seh.
Gli druf hen d'Engel mi am Chrage gno,
Und chlip und chlap! se bini wo 'ni g'si bi,
.. So isch mi Bricht, ihr liebi Here z'Schopfe.
Lönds ordli chnalle! Pfiff und paff und puff!
wenns Gläsli au verspringt,
Es schadet nüt:

Der Meister Hebel hoch!
Und hoch si Heimet, 's allemannisch Land!

Über tredition

Eigenes Buch veröffentlichen

tredition wurde 2006 in Hamburg gegründet und hat seither mehrere tausend Buchtitel veröffentlicht. Autoren veröffentlichen in wenigen leichten Schritten gedruckte Bücher, e-Books und audio-Books. tredition hat das Ziel, die beste und fairste Veröffentlichungsmöglichkeit für Autoren zu bieten.

tredition wurde mit der Erkenntnis gegründet, dass nur etwa jedes 200. bei Verlagen eingereichte Manuskript veröffentlicht wird. Dabei hat jedes Buch seinen Markt, also seine Leser. tredition sorgt dafür, dass für jedes Buch die Leserschaft auch erreicht wird.

Im einzigartigen Literatur-Netzwerk von tredition bieten zahlreiche Literatur-Partner (das sind Lektoren, Übersetzer, Hörbuchsprecher und Illustratoren) ihre Dienstleistung an, um Manuskripte zu verbessern oder die Vielfalt zu erhöhen. Autoren vereinbaren direkt mit den Literatur-Partnern die Konditionen ihrer Zusammenarbeit und partizipieren gemeinsam am Erfolg des Buches.

Das gesamte Verlagsprogramm von tredition ist bei allen stationären Buchhandlungen und Online-Buchhändlern wie z. B. Amazon erhältlich. e-Books stehen bei den führenden Online-Portalen (z. B. iBookstore von Apple oder Kindle von Amazon) zum Verkauf.

Einfach leicht ein Buch veröffentlichen: **www.tredition.de**

Eigene Buchreihe oder eigenen Verlag gründen

Seit 2009 bietet tredition sein Verlagskonzept auch als sogenanntes "White-Label" an. Das bedeutet, dass andere Unternehmen, Institutionen und Personen risikofrei und unkompliziert selbst zum Herausgeber von Büchern und Buchreihen unter eigener Marke werden können. tredition übernimmt dabei das komplette Herstellungs- und Distributionsrisiko.

Zahlreiche Zeitschriften-, Zeitungs- und Buchverlage, Universitäten, Forschungseinrichtungen u.v.m. nutzen diese Dienstleistung von tredition, um unter eigener Marke ohne Risiko Bücher zu verlegen.

Alle Informationen im Internet: **www.tredition.de/fuer-verlage**

tredition wurde mit mehreren Innovationspreisen ausgezeichnet, u. a. mit dem Webfuture Award und dem Innovationspreis der Buch Digitale.

tredition ist Mitglied im Börsenverein des Deutschen Buchhandels.

Dieses Werk elektronisch lesen

Dieses Werk ist Teil der Gutenberg-DE Edition DVD. Diese enthält das komplette Archiv des Projekt Gutenberg-DE. Die DVD ist im Internet erhältlich auf **http://gutenbergshop.abc.de**